ROBERT 1967

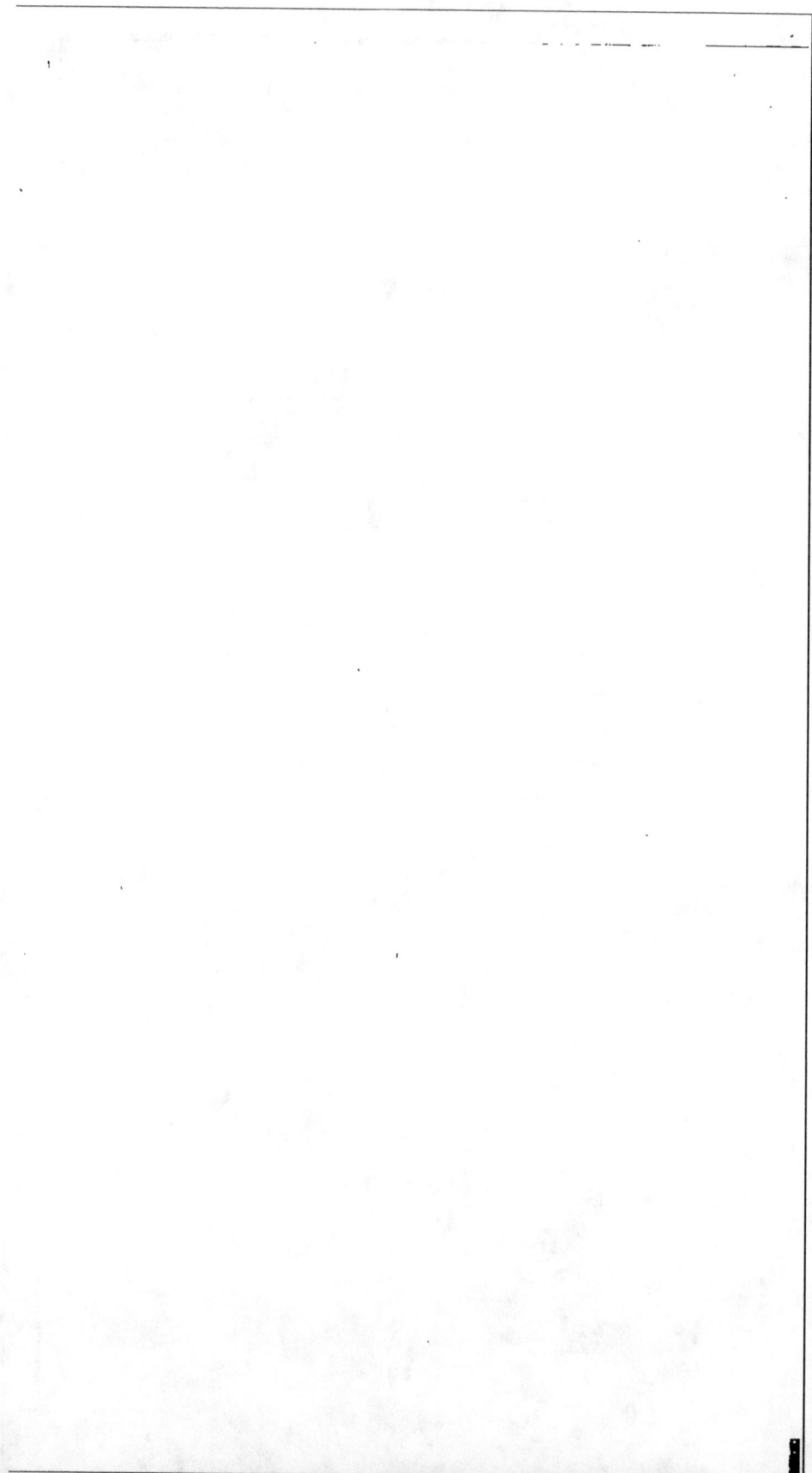

ABRÉGÉ MÉTHODIQUE

DE LA

GRAMMAIRE FRANÇAISE.

Seront réputés comme contrefaits tous les exemplaires qui ne seront pas revêtus de ma signature.

Typ. de **LAGUERRE**, Imprimeur et Lithographe, rue Rousseau, 18, à Bar-le-Duc.

ABRÉGÉ MÉTHODIQUE

DE LA

GRAMMAIRE FRANÇAISE,

PAR DEMANDES ET PAR RÉPONSES,

avec des Exercices analytiques sur chaque espèce
de Mots,

A L'USAGE DES ÉCOLES RURALES,

Par **D. GROSE**,

Instituteur à Beauzée

(MEUSE).

Bar-le-Duc.

ALEXANDRE LAGUERRE et C.ie, LIBRAIRES-ÉDITEURS,

RUE ROUSSEAU, 36.

1842.

AVIS IMPORTANT.

La conjugaison doit être apprise oralement aux petits enfants, ensuite par écrit aux élèves qui commencent à écrire en fin. Cet exercice important doit servir d'introduction à l'enseignement de la grammaire.

PRÉFACE.

En publiant un nouvel Abrégé de Grammaire Française, je me suis imposé une tâche bien difficile à remplir; surtout lorsque je considère le grand nombre de grammaires élémentaires qui ont paru depuis quelques années. Peut-être ai-je trop présumé de mes forces en livrant au public un travail qui n'aurait pas dû sortir de ma classe; mais les résultats que j'obtiens chaque jour, joints au désir sincère que j'ai d'être utile, ont fait taire mes scrupules, et si mes efforts ne sont point couronnés de succès, j'aurai du moins la satisfaction d'avoir essayé de rendre service aux maîtres et aux élèves : aux maîtres, en réduisant de beaucoup les difficultés qu'ils rencontrent journellement dans l'enseignement de la langue française; aux élèves, en leur épargnant quelques-unes des larmes que leur fait répandre trop souvent l'aridité des premiers élémens de notre idiôme national.

Une bonne école se reconnaît facilement à l'ordre qu'on y voit régner; de même une Grammaire élémentaire, pour être bonne, doit être essentiellement méthodique; elle doit en outre ne contenir que des définitions fort simples, afin d'être à la

portée des intelligences auxquelles elle est desti-
née. Ce double but, j'ai tâché de l'atteindre; on
jugera si j'ai réussi.

J'ai adopté la méthode par demandes et par ré-
ponses, parce qu'elle m'a paru être celle qui convient le mieux aux enfants de nos communes rurales.
Et pour obvier aux inconvéniens qu'on lui reproche,
j'ai joint à la fin de chaque espèce de mots un mo-
dèle des exercices que les élèves auront à faire.

Je n'ai point la prétention de croire mon œuvre
parfaite, au contraire, je pense être resté bien au-
dessous de la tâche que je me suis imposée; aussi
recevrai-je avec un vif sentiment de reconnaissance
les observations que l'on voudra bien m'adresser.

PROGRAMME

SERVANT DE TABLE.

=

DIVISION GÉNÉRALE.

1.ʳᵉ PARTIE. — LÉXICOGRAPHIE.
2.ᵉ PARTIE. — DÉSINENCES.
3.ᵉ PARTIE. — SYNTAXE D'ACCORD.
4.ᵉ PARTIE. — SYNTAXE DE CONSTRUCTION.

=

Première partie.

Deuxième partie.

Les désinences de l'article et du pronom ayant été données
dans la 1.re partie, on n'en parle pas dans la seconde.

Troisième partie.

Quatrième partie.

Phraséologie.

Ponctuation.

FIN DU PROGRAMME-TABLE.

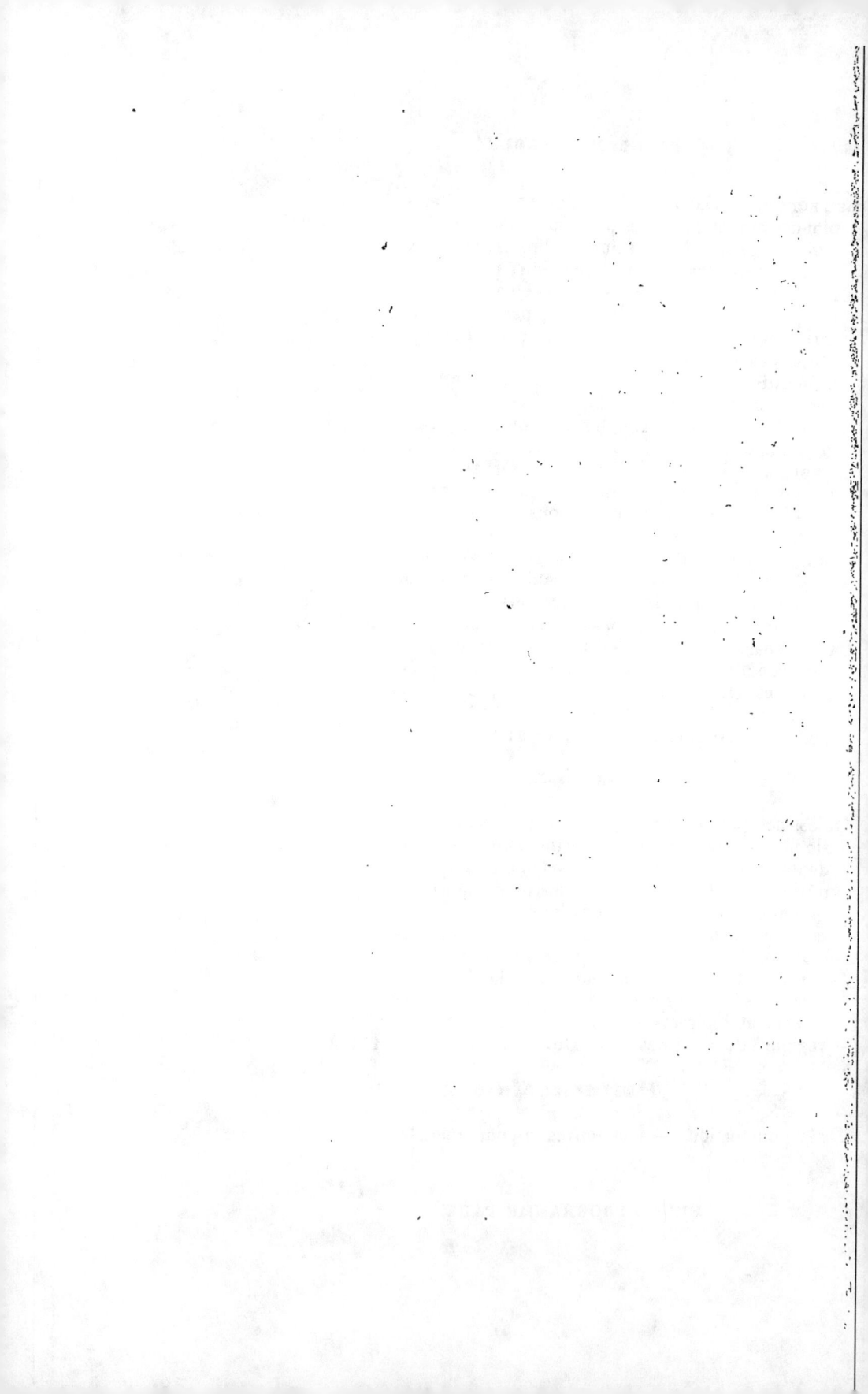

GRAMMAIRE.

NOTIONS PRÉLIMINAIRES.

DEMANDE. *Qu'est-ce que la grammaire française?*
RÉPONSE. C'est l'art de parler et d'écrire correctement en français.

D. *Comment appelle-t-on les signes dont on se sert pour écrire?*

R. On les appelle lettres.

D. *A quoi servent les lettres?*

R. A produire des sons qui, seuls ou réunis, forment des mots.

D. *Combien y a-t-il de sortes de lettres?*

R. Il y en a de deux sortes : les voyelles et les consonnes.

D. *Quelles sont les lettres qu'on nomme voyelles.*

R. Ce sont *a, e, i, o, u* et *y*. Ces lettres ont reçu le nom de voyelles, parce qu'elles forment seules une voix, un son.

D. *Nommez les consonnes?*

R. Les consonnes sont : *b, c, d, f, g, h, j, k, l, m, n, p, q, r, s, t, v, x, z*. Ces lettres ne peuvent former un son qu'avec le secours des voyelles.

D. *Qu'appelle-t-on accents?*

R. Ce sont de petits signes qui servent à modifier le son des voyelles et notamment de la voyelle *e*.

1

D. *Faites connaître les accents?*

R. L'accent aigu, qui se forme de droite à gauche
(´), se place sur les *e* fermés, comme dans *charité*,
café, *amitié*.

L'accent grave, qui se forme de gauche à droite
(`), se place sur les *e* ouverts : *accès*, *succès*, *père*.

L'accent circonflèxe, qui se forme par la réunion au sommet des deux autres accents (^), se place
sur toutes les voyelles, lorsqu'il faut les prononcer
longuement, comme dans *pâte, apôtre, gîte,
tempête, flûte.*

D. *Qu'est-ce que l'apostrophe?*

R. C'est un signe fait comme l'accent aigu (´); il
sert à remplacer dans certain cas une des deux
voyelles *a* ou *e*, comme dans ces mots : *l'oiseau*
pour *le oiseau*, *l'armée* pour *la armée*. Quelquefois aussi, il remplace la voyelle *i*, comme dans
s'il pleut mis pour *si il pleut*. Sa fonction est toute
euphonique.

D. *Qu'est-ce que le tréma?*

R. Le tréma est un signe composé de deux points
(¨); il se place sur l'une des trois voyelles *e, i, u*,
pour avertir que cette voyelle doit se prononcer
séparément de celle qui précède; EXEMPLES : *am-
biguë, naïf, Saül;* sans le tréma, on prononce-
rait ces mots *ambigue* (*), *nef, sôl.*

D. *Qu'est-ce que la cédille?*

R. La cédille est un petit signe (¸) qui se place
sous la lettre *c* devant *a, o, u*, lorsqu'on veut
donner à cette lettre le son de deux *s;* EX.: *forçat,
glaçon, reçu.*

D. *Qu'est-ce que le trait d'union?*

R. C'est un petit trait horizontal (-) que l'on met
entre deux mots que l'on veut unir, soit pour n'en
former qu'un, soit parce qu'ils ne peuvent pas être
séparés dans le discours; tels sont : *arc-en-ciel,
chef-d'œuvre, dépêchez-vous.*

(*) Prononcez *gue*, comme dans *ligue*, *figue*, *fatigue*.

D. *Qu'appelle-t-on* h *muet?*

R. On appelle *h* muet, celui qui n'ajoute rien à la prononciation de la voyelle qui suit, comme dans les mots *homme, honneur, histoire,* qu'on prononce *omme, onneur, istoire.*

D. *Quand la lettre* h *est-elle aspirée?*

R. La lettre *h* est aspirée, lorsqu'elle fait prononcer du gosier la voyelle qui suit, comme dans *le héros, la haine, la hache.*

D. *Dans quel cas l'y s'emploie-t-il pour deux* i?

R. L'*y* s'emploie pour deux *i* dans le corps des mots; EX.: *pays, payer, joyeux,* qu'on prononce *pai-is, pai-ier, joi-ieux.*

D. *Qu'est-ce que le genre et combien y en a-t-il?*

R. Le genre, c'est la différence des sexes; par conséquent il y a deux genres : le *masculin,* pour les hommes et les mâles; le *féminin,* pour les femmes et les femelles. Par imitation, les grammairiens ont donné un genre à des choses qui ne sont ni mâles ni femelles; ainsi, par exemple, ils ont mis le mot *livre* au masculin et le mot *table* au féminin.

D. *Combien y a-t-il de nombres en français?*

R. De deux sortes : le Singulier et le Pluriel. Le *singulier* marque l'unité, et le *pluriel,* la pluralité.

D. *Qu'appelle-t-on parties du discours?*

R. Ce sont les différentes classes dans lesquelles on a placé tous les mots de notre langue.

D. *Combien y a-t-il de parties du discours?*

R. Il y en a neuf, savoir : le Nom, l'Article, l'Adjectif, le Pronom, le Verbe, la Préposition, la Conjonction, l'Adverbe et l'Interjection. Les cinq premières espèces de mots varient, les quatre autres sont invariables.

LE NOM.

D. *Qu'est-ce que le nom?*

R. Le nom est un mot qui sert à nommer une

chose qui existe, soit dans la nature, comme *maison, table, soleil*, soit dans l'imagination, comme *bonté, espérance, charité*.

D. *Combien y a-t-il de sortes de noms?*

R. De quatre sortes : le nom propre, le nom commun, le nom collectif et le nom composé.

D. *Qu'est-ce que le nom propre?*

R. Le nom propre est celui qui ne convient qu'à une seule personne ou à une seule chose, comme *Adam, Eve, Paris, la Seine*.

D. *Qu'est-ce que le nom commun?*

R. C'est celui qui convient à plusieurs personnes ou à plusieurs choses de même espèce; tels sont les mots : *homme, femme, fleuve, rivière*.

D. *Qu'est-ce que le nom collectif?*

R. C'est celui qui, quoiqu'au singulier, présente à l'esprit la réunion de plusieurs objets : *armée, bataillon*, sont des collectifs.

REMARQUE. Les collectifs se divisent en deux classes : les collectifs généraux et les collectifs partitifs. Les collectifs généraux sont ceux qui renferment la totalité de leur régime; les collectifs partitifs sont ceux qui n'en renferment qu'une partie.

D. *Qu'est-ce que le nom composé?*

D. C'est celui qui désigne une chose au moyen de plusieurs mots unis par un trait d'union; EX.: *porte-drapeau, arc-en-ciel, chèvre-feuille, coq-à-l'âne*.

L'ARTICLE.

D. *Qu'est-ce que l'article?*

R. L'article est un mot que l'on place devant les noms pour annoncer qu'ils sont pris dans un sens déterminé.

D. *Combien y a-t-il de sortes d'articles?*

R. De deux sortes : les articles simples *le, la, les*, et les articles contractés DU pour *de le*, AU pour *à le*, DES pour *de les*, AUX pour *à les*.

Modèle d'analyse.

DICTÉE.

Paul, Paris, le Rhône, le père, la sœur, les régiments, le chef-d'œuvre, du pain, des fruits.

ANALYSE.

Paul	nom propre d'homme.
Paris	nom propre de ville.
le	article m. s. indiquant que Rhône est pris dans un sens déterminé.
Rhône	nom propre de fleuve.
le	article m. s. indiquant que père est pris dans un sens déterminé.
père	nom commun m. s.
la	article f. s. indiquant que sœur est pris dans un sens déterminé.
sœur	nom commun f. s.
les	article m. pl. indiquant que régiments est pris dans un sens déterminé.
régiments	nom collectif m. pl.
le	article m. s. indiquant que chef-d'œuvre est pris dans un sens déterminé.
chef-d'œuvre	nom composé m. s.
du	article contracté m. s., mis pour de le, indiquant que pain est pris dans un sens déterminé.
pain	nom commun m. s.
des	article composé m. pl., mis pour de les, indiquant que fruits est pris dans un sens déterminé.
fruits	nom commun m. pl.

L'ADJECTIF.

D. *Qu'est-ce que l'adjectif?*

R. L'adjectif est un mot que l'on ajoute au nom, soit pour le qualifier, soit pour le déterminer; de là deux sortes d'adjectifs : les adjectifs qualificatifs et les adjectifs déterminatifs.

D. *Qu'est-ce que l'adjectif qualificatif?*

R. C'est celui qui donne une qualité au nom auquel il est joint; comme *habit bleu, arbre vert, enfant docile.*

1*

D. *Qu'est-ce que l'adjectif déterminatif?*

R. C'est celui qui sert à déterminer le nom auquel il est joint, comme *cet enfant, mon cheval.*

D. *Combien y a-t-il de sortes d'adjectifs déterminatifs?*

R. De cinq sortes :

1.° Les adjectifs numéraux;

2.° Les adjectifs ordinaux ;

3.° Les adjectifs démonstratifs;

4.° Les adjectifs possessifs;

5.° Les adjectifs indéfinis.

D. *Quels sont les adjectifs qu'on nomme numéraux?*

R. Ce sont ceux qui servent à compter, comme *un, deux, trois, quatre, cinq, dix, cent, mille,* etc.

D. *Quels sont les adjectifs qu'on nomme ordinaux ?*

R. Ce sont ceux qui servent à marquer le rang, l'ordre; comme *premier, deuxième, centième.*

D. *Qu'appelle-t-on adjectifs démonstratifs?*

R. Ce sont ceux qui servent à montrer les noms auxquels ils sont joints. Ils sont au nombre de quatre: *ce, cet,* pour le masculin singulier; *cette,* pour le féminin singulier; *ces,* pour le pluriel des deux genres.

REMARQUE.— *Ce,* se place devant les noms masculins singuliers, qui commencent par une consonne ou un *h* aspiré: *ce cheval, ce hameau. Cet,* se place devant les noms masculins singuliers qui commencent par une voyelle ou un *h* muet: *cet oiseau, cet homme.*

D. *Qu'appelle-t-on adjectifs possessifs?*

R. Ce sont ceux qui marquent la possession du nom auquel ils sont joints.

D. *Nommez les adjectifs possessifs?*

R. Ce sont :

Au sing. masc. *mon, ton, son, notre, votre, leur.*

Au sing. fém. *ma, ta, sa, notre, votre, leur.*

Au pl. des deux genres. *mes, tes, ses, nos, vos, leurs.*

REMARQUE. — On dit aussi par euphonie *mon*, *ton*, *son*, devant un mot féminin singulier qui commence par une voyelle ou un *h* muet ; EX : *mon épée* pour *ma épée*, *mon humeur*, pour *ma humeur*.

D. *Qu'appelle-t-on adjectifs indéfinis ?*

R. Ce sont ceux qui sont joints à des noms pris dans un sens indéterminé.

D. *Quels sont les principaux adjectifs indéfinis ?*

R. Ce sont : *aucun*, *aucune*, *certain*, *certaine*, *nul*, *nulle*, *quel*, *quelle*, *tel*, *telle*, *tout*, *toute*, *chaque*, *même*, *quelconque*, *quelque*, *plusieurs*.

Un, *une*, adjectifs numéraux, sont aussi quelquefois adjectifs indéfinis.

Modèle d'analyse.

DICTÉE.

Le cheval blanc. Cet oiseau léger. Mon chien fidèle. Vos belles prairies. Quatre-vingts francs. Le deuxième jour du mois. Certain renard. Plusieurs élèves.

ANALYSE.

le	art. m. s. indiquant que cheval est pris dans un sens déterminé.
cheval	nom commun m. s.
blanc	adj. qualificatif m. s. qualifiant cheval.
cet	adj. démonstratif m. s. démontrant oiseau.
mon	adj. possessif m. s. marquant la possession de chien.
vos	adj. possessif f. pl. marquant la possession de prairies.
quatre-vingts	adj. numéral marquant le nombre de francs.
deuxième	adj. ordinal marquant le rang.
certain	adj. indéfini m. s.
plusieurs	adj. indéfini m. pl.

LE PRONOM.

D. *Qu'est-ce que le pronom ?*

R. Le pronom est un mot qui sert à remplacer

des mots qu'il faudrait répéter trop souvent dans le discours.

D. *Quels sont les mots dont la répétition se repré-sente le plus souvent dans le discours?*

R. Ce sont les noms des personnes qui parlent, des personnes à qui l'on parle, enfin des personnes et des choses de qui l'on parle (*).

D. *Comment s'appellent les pronoms qui rempla-cent ces trois personnes?*

R. On les appelle pronoms personnels.

D. *Quels sont les pronoms personnels de la pre-mière personne?*

R. Les pronoms personnels qui remplacent la première personne ou celle qui parle sont : au singu-lier, *je*, *me*, *moi*; au pluriel *nous*.

D. *Quels sont les pronoms personnels de la deuxième personne?*

R. Les pronoms personnels qui remplacent la deuxième personne, ou celle à qui l'on parle, sont : au singulier, *tu*, *te*, *toi*; au pluriel, *vous*.

Remarque. — On dit, au singulier, *vous*, au lieu de *tu*, aux personnes que le respect ou la politesse vous dé-fend de tutoyer.

D. *Quels sont les pronoms personnels de la troi-sième personne?*

R. Les pronoms personnels qui remplacent la troisième personne, ou les personnes ou les choses de qui l'on parle, sont :

Au sing. masc. *il*, *le*, *lui*.

Au sing. fém. *elle*, *la*, *lui*.

Au pl. masc. *ils*, *eux*, *les*, *leur*.

Au pl. fém. *elles*, *les*, *leur*.

Au sing. et au pl. des deux genres, *se*, *soi*, *y*, *en*.

D. *Y a-t-il d'autres pronoms que les pronoms per-sonnels?*

R. Oui; on en distingue encore de cinq sortes : les pronoms démonstratifs, les pronoms possessifs,

(*) Les pronoms personnels de la troisième personne peuvent seuls remplacer des noms de choses.

les pronoms relatifs, les pronoms interrogatifs et les pronoms indéfinis.

D. *Qu'est-ce que le pronom démonstratif?*

R. C'est celui qui remplace le nom d'une personne ou d'une chose que l'on veut démontrer et dont on a déjà parlé.

D. *Nommez les pronoms démonstratifs?*

R. Ces pronoms sont :

Au masculin { singulier, *celui, celui-ci, celui-là.*
pluriel, *ceux, ceux-ci, ceux-là.*

Au féminin { singulier, *celle, celle-ci, celle-là.*
pluriel, *celles, celles-ci, celles-là.*

D. *Qu'est-ce que le pronom possessif?*

R. C'est celui qui remplace le nom d'une personne ou d'une chose dont on veut marquer la possession.

D. *Quels sont les pronoms possessifs?*

R. Ces pronoms sont :

Au masculin { singulier } *le mien, le tien, le sien, le nôtre, le vôtre, le leur.*
pluriel { *les miens, les tiens, les siens, les nôtres, les vôtres, les leurs.*

Au féminin { singulier { *la mienne, la tienne, la sienne, la nôtre, la vôtre, la leur.*
pluriel { *les miennes, les tiennes, les siennes, les nôtres, les vôtres, les leurs.*

D. *Qu'est-ce que le pronom relatif?*

R. C'est celui qui a rapport à un nom ou à un pronom qui précède et qu'on appelle pour cette raison *antécédent.*

D. *Quels sont les principaux pronoms relatifs?*

R. Ce sont : *qui, que, quoi, lequel, laquelle, lesquels, lesquelles, duquel, de laquelle, desquels, desquelles, auquel, à laquelle, auxquels, auxquelles, dont, où, d'où, par où.*

Les mots *le, la, les, en* et *y* peuvent être encore considérés comme des pronoms relatifs.

REMARQUE. — *Le*, *la*, *les*, pronoms, sont toujours joints à un verbe ; et *le*, *la*, *les*, articles, sont toujours joints à un nom. — Il en est de même du mot *leur*, qui, joint à un verbe est pronom, et qui, joint à un nom, est adjectif possessif. Le pronom *leur* ne prend jamais la marque de pluriel.

D. *Qu'appelle-t-on pronoms interrogatifs ?*

R. Ce sont ceux qui sont employés dans des phrases interrogatives comme celles-ci : *Que demandez-vous ? Qui frappe ? Quoi de plus intéressant que l'enfance ?* Ces sortes de pronoms sont toujours employés sans antécédens.

D. *Qu'est-ce que le pronom indéfini ?*

R. C'est celui qui tient la place d'un nom indéterminé.

D. *Nommez les pronoms indéfinis les plus en usage ?*

R. Les voici : *on, quelqu'un, autrui, personne, quiconque, rien, l'un, l'autre, l'un et l'autre, ni l'un ni l'autre.*

Ce, ceci, cela, sont aussi employés comme pronoms démonstratifs indéfinis ; dans ce cas on reconnaît *ce* pronom de *ce* adjectif démonstratif, en ce que le pronom *ce* est toujours suivi du verbe être, ou d'un *qui* ou *que* relatif, tandis que *ce* adjectif est toujours joint à un nom.

Enfin les adjectifs indéfinis *aucun, certain, nul, plusieurs, tel, tout,* sont encore employés comme pronoms indéfinis ; mais alors ils sont employés seuls, comme dans ces phrases : TEL *qui rit vendredi, dimanche pleurera.* — TOUT *est perdu, hors l'honneur.*

Modèle d'analyse.

DICTÉE (*).

J'aime Dieu, *car il est* mon créateur. — *Crois*-moi, mon fils, la vertu *a* ses charmes. — Jules *et* moi *nous*

(*) Les mots en italique ne doivent pas être analysés.

partirons, lui *pour* Paris *et* moi *pour* Londres. — Celui qui *ment* se *prépare bien* des peines. — Elle *examinera* le devoir *de* cette classe *après* celui *de* celle-ci. — Notre cheval *est* blanc, le vôtre *est* gris. — Ces deux livres *sont* instructifs; lequel *voulez-vous*? — Qui *vient chez* moi *à* cette heure? — On *relit* tout Racine, on *choisit dans* Voltaire. — Nul *n'est* content *de* son sort. — Votre sœur *est plus* instruite *que* la mienne. — Nous *avons trouvé* votre père *cultivant* son jardin.

ANALYSE.

j'	mis pour *je*, pronom personnel 1.re pers. du sing. représentant la personne qui parle.
il	pronom personnel 3.e pers. du sing. m. représentant Dieu de qui l'on parle.
moi	pronom personnel 1.re pers. du sing. représentant la personne qui parle.
nous	pronom personnel 1.re pers. du pl. représentant les personnes qui parlent.
lui	pronom personnel 3.e pers. du s. m. représentant Jules de qui l'on parle.
celui	pronom démonstratif m. s. mis pour un individu quelconque.
qui	pronom relatif m. s. représentant celui.
se	pronom pers. 3.e pers. du sing. masc. représentant la personne de qui l'on parle.
elle	pronom pers. 3.e pers. du sing. fém. représentant la personne de qui l'on parle.
celle-ci	pronom démonstratif f. s. démontrant classe qu'il représente.
le vôtre	pronom possessif m. s. marquant la possession de cheval qu'il représente.
lequel	pronom relatif m. s. ayant pour antécédent livre qu'il représente.
vous	pronom pers. 2.e pers. pl. représentant les personnes à qui l'on parle.
qui	pronom interrogatif m. s. n'ayant point d'antécédent.
on	pronom indéf. m. s.
nul	pronom indéf. m. s.
la mienne	pronom possessif f. s. marquant la possession de sœur dont il tient la place.

NOTA. — L'instituteur doit faire analyser à ses élèves tous les mots qui leur sont déjà connus.

LE VERBE.

D. *Qu'est-ce qu'une proposition ?*

R. Une proposition est la réunion de plusieurs mots qui expriment l'existence d'une chose et le jugement que l'on en porte.

D. *De quoi se compose une proposition ?*

R. D'un sujet, d'un verbe et d'un attribut.

D. *Qu'est-ce que le sujet ?*

R. C'est la chose qui existe et l'objet du jugement ; il répond toujours à la question *qui est-ce qui* placée devant le verbe.

D. *Qu'est-ce que le verbe ?*

R. Le verbe est un mot qui exprime l'existence du sujet et qui affirme le jugement que l'on en porte.

D. *Qu'est-ce que l'attribut ?*

R. L'attribut est le mot qui exprime l'objet du jugement.

D. *Donnez un exemple d'une proposition ?*

R. *La rivière est profonde.* Dans cette proposition *la rivière* est le sujet, *est*, le verbe, et *profonde* l'attribut.

D. *Expliquez cet exemple ?*

R. *La rivière* est le sujet, parce que c'est la chose qui existe et dont on porte un jugement.

Est est le verbe, parce qu'il exprime l'existence du sujet, car si la rivière n'existait pas elle ne serait pas profonde. C'est encore le verbe EST qui affirme que la qualité de PROFONDE convient au sujet *rivière*.

Profonde est l'attribut, parce que c'est la qualité exprimée par le jugement.

D. *Combien y a-t-il de verbes ?*

R. Il n'y a réellement qu'un seul verbe : c'est le verbe être ; cependant, comme il y a une infinité de mots dans lesquels, en les décomposant, on peut retrouver le verbe être, on leur a donné aussi le nom de verbes.

D. Ces verbes n'ont-ils pas des noms particuliers ?

R. Oui, on les appelle verbes attributifs, parce qu'ils renferment en un seul mot le verbe être et l'attribut.

D. Donnez-en quelques exemples ?

R. *J'aime*, pour *je suis aimant ; nous partirons*, pour *nous serons partant ; le soleil brille*, pour *le soleil est brillant*.

D. En combien de classes divise-t-on les verbes attributifs ?

R. En six classes ; savoir : les verbes actifs, — les verbes passifs, — les verbes actifs intransitifs (1), — les verbes neutres, — les verbes pronominaux, — les verbes impersonnels ou unipersonnels.

D. Qu'est-ce qu'un verbe actif ?

R. C'est celui dont le sujet fait l'action exprimée par le verbe ; il peut toujours avoir un régime direct.

D. Qu'appelle-t-on régime direct d'un verbe actif ?

R. C'est le mot qui reçoit ou qui souffre l'action faite par le sujet. Il répond à la question *quoi* placée immédiatement après le verbe.

D. Donnez un exemple analysé d'un verbe actif avec son régime ?

R. *Le roi gouverne la France.* Dans cette phrase, *le roi* est le sujet, parce qu'il fait l'action de gouverner ; *gouverne* est un verbe actif parce que le sujet *roi* fait l'action ; enfin, *la France* est le régime direct parce qu'il souffre l'action faite par le sujet *roi*.

---

(1) Les grammairiens comprennent sous le titre général de verbes neutres, les verbes qui marquent l'état et ceux qui marquent une action faite par le sujet, mais qui ne peut pas se transmettre directement, comme *je marche, je nage, je cours*. Il me semble que le verbe d'état, c'est-à-dire celui qui exprime un état du sujet, et non une action dépendante de la volonté, est seul un verbe neutre ; comme *je meurs, je dors, je languis*. J'ai donc cru devoir donner un nom à chacune de ces espèces de verbe.

2

D. Qu'est-ce qu'un verbe passif?

R. Le verbe passif est celui dont le sujet souffre l'action exprimée par le verbe.

D. Qu'est-ce que le régime direct d'un verbe passif?

R. C'est le mot qui fait l'action exprimée par le verbe et soufferte par le sujet.

D. Expliquez ce que vous venez de dire par un exemple?

R. *La France est gouvernée par le roi.* Dans cette phrase le sujet *France* souffre l'action exprimée par le verbe, c'est pourquoi le verbe est passif; mais pour que l'action soit soufferte, il faut qu'elle soit faite; or, par qui l'action est-elle faite? réponse : par *le roi*; donc, le *roi* est le régime direct du verbe passif.

Le régime direct du verbe passif répond toujours à la question *par qui* ou *par quoi* l'action est-elle faite.

REMARQUE. — On emploie *de* au lieu de *par* dans la formation du régime direct du verbe passif, lorsque l'action exprimée par le verbe est plutôt morale que physique. Ex. : *Les méchans sont détestés de tout le monde.* On a ici employé la préposition *de*, l'action de détester étant un sentiment de l'âme. Dans tous les cas, *de* est toujours mis pour *par* et répond aussi à la question *par qui* ou *par quoi* l'action est-elle faite?

D. Quelle différence y a-t-il entre le verbe actif et le verbe passif?

R. Dans le verbe actif le sujet fait l'action exprimée par le verbe et le régime la souffre ; dans le verbe passif c'est le contraire, le sujet souffre l'action faite par le régime direct.

D. Qu'est-ce qu'un verbe actif intransitif?

R. Le verbe actif intransitif est celui dont le sujet fait l'action, mais qui ne peut jamais avoir de régime direct. Tous les verbes qui expriment un mouvement fait par le sujet sont des verbes actifs intransitifs, comme *je marche, je cours, je viens.*

D. *Qu'est-ce qu'un verbe neutre?*

R. C'est celui qui exprime l'état où se trouve le sujet, comme *mourir, languir.*

D. *Le verbe neutre peut-il avoir un régime direct?*

R. Non, puisqu'il n'exprime pas une action, mais seulement un état du sujet; il ne peut pas avoir de régime direct.

D. *Qu'est-ce qu'un verbe pronominal?*

R. C'est celui qui se conjugue avec deux mots représentant le même individu, comme *je me flatte.* — *Pierre se promène.*

D. *Qu'est-ce qu'un verbe impersonnel?*

R. C'est celui qui ne se conjugue qu'à la troisième personne du singulier; comme *il pleut, il neige, il faut, il importe.*

Modèle d'analyse.

DICTÉE.

Dieu est juste. — Numa respecta les Dieux. — Les moissons ont été détruites *par* la grêle. — Je vais *à* Paris. — Je meurs innocent. — Vous vous repentirez *de* vos fautes. — Il a gelé cette nuit.

ANALYSE.

Dieu	nom propre, sujet du verbe est; car qui est-ce qui est juste? Réponse: Dieu.
est	verbe être exprimant l'existence de Dieu et l'affirmation du jugement.
juste	attribut indiquant l'objet du jugement.
Numa	nom propre, sujet du verbe respecta; car qui est-ce qui respecta? Réponse: Numa.
respecta	verbe actif, parce que le sujet fait l'action.
Dieux	nom commun m. pl. régime direct du verbe respecta; car Numa respecta quoi? Réponse: les Dieux.
moissons	nom commun f. pl., sujet du verbe ont été détruites; car qui est-ce qui a été détruit? Réponse: les moissons.

ont été détruites   verbe passif parce que le sujet moissons
                      souffre l'action.

grêle   nom commun f. s. régime direct du verbe
                      ont été détruites ; car les moissons ont
                      été détruites par quoi? Réponse : par
                      la grêle.

vais   verbe actif intransitif, parce que son su-
                      jet *je* fait l'action et qu'il ne peut avoir
                      de régime direct.

meurs   verbe neutre, marquant l'état du sujet *je*.

repentirez   verbe pronominal, parce qu'il est con-
                      jugué avec deux pronoms représentant
                      le même individu.

a gelé   verbe impersonnel parce qu'il ne se
                      conjugue qu'à la 3.e pers. sing.

LA PRÉPOSITION.

D. *Qu'est-ce que la préposition?*

R. La préposition est un mot invariable qui sert
à marquer le rapport que deux mots ont entre eux.

D. *Qu'est-ce que le régime de la préposition, et
comment le reconnaît-on?*

R. Le régime de la préposition est le mot qui com-
plète l'idée que l'on veut exprimer ; on le reconnaît
facilement à la place qu'il occcupe après la préposition ; il répond d'ailleurs à la question *quoi* placée
après elle.

D. *Donnez-en un exemple?*

R. *L'homme est né pour le travail.* Pour est
une préposition qui marque le rapport qui existe
entre *l'homme est né* et *le travail*, qui est son régime ; car l'homme est né pourquoi? Rép. : pour
le travail.

D. *La préposition, suivie de son régime, ne joue-
t-elle pas un rôle dans la composition des phrases?*

R. Oui ; elle sert à joindre au verbe une idée ac-
cidentelle, indirecte. C'est pourquoi on appelle

alors la préposition avec son régime le régime indirect du verbe.

D. *Combien y a-t-il de sortes de prépositions ?*

R. Il y en a de deux sortes : les prépositions simples et les prépositions composées.

D. *Qu'entend-on par prépositions simples ?*

R. On entend par prépositions simples celles qui ne sont composées que d'un seul mot. Voici les principales : *à, après, attendu, autour, avant, avec, contre, de, dans, depuis, dès, derrière, dessus, dessous, durant, en, entre, envers, hormis, hors, malgré, moyennant, par, parmi, pendant, pour, outre, sauf, sans, selon, sous, suivant, sur, touchant, vers.*

D. *Quand une préposition est-elle composée ?*

R. Une préposition est composée quand elle est formée de plusieurs mots, dont le dernier est une préposition ; tels sont les mots : *avant de, autour de, à travers de, quant à, en dépit de,* etc.

Modèle d'analyse.

DICTÉE.

Je reviens de Paris. — Un vieillard près d'aller où la mort l'appelait, etc.

ANALYSE.

de   préposition simple marquant un rapport entre Paris et reviens.

Paris   nom propre, régime de la préposition de, et régime indirect du verbe revenir.

près de   préposition composée, marquant un rapport entre vieillard et aller.

aller   verbe actif intransitif, régime de la préposition près de.

LA CONJONCTION.

D. *Qu'est-ce que la conjonction ?*

R. La conjonction est un mot invariable qui sert à lier deux mots de même nature ou deux phrases.

D. *Combien y a-t-il de sortes de conjonctions ?*

R. Il y en a de deux sortes : les conjonctions simples et les conjonctions composées.

D. *Qu'appelle-t-on conjonctions simples ?*

R. Ce sont celles qui ne sont composées que d'un seul mot : *ou, car, que, si, mais, or, et, donc, ni*, sont des conjonctions simples.

D. *Qu'appelle-t-on conjonctions composées ?*

R. Ce sont celles qui sont composées de plusieurs mots, dont le dernier est une conjonction. Tels sont : *après que, avant que, pendant que, ainsi que, de sorte que, de même que, en cas que, soit que, attendu que, vu que, parce que.*

D. *Comment reconnaît-on la conjonction* QUE, *du pronom relatif* QUE *; et de l'adverbe* QUE?

R. *Que* est pronom quand il peut se tourner par lequel, laquelle, lesquels, etc. EX. : *Les enfans* QUE *j'ai rencontrés le matin allaient à l'école.* On peut dire les enfans *lesquels* j'ai rencontrés.

Que est adverbe quand il est mis pour *combien.* EX. : *Que de fautes vous avez commises*, pour *combien* de fautes, etc.

Enfin *que* est conjonction, quand il lie deux verbes ou deux phrases. EX. : *Je désirerais que vous étudiassiez mieux vos leçons. Que* lie les deux verbes désirer et étudier.

Modèle d'analyse.

DICTÉE.

Je vous pardonne, mais *ne* recommencez *plus*. — Le roi et le berger. — L'homme doit être sobre et laborieux afin qu'il vive *long-temps*.

ANALYSE.

Mais   conjonction simple, liant deux phrases.
et   conjonction simple liant deux noms.
afin que conjonction composée liant deux phrases.

L'ADVERBE.

D. *Qu'est-ce que l'adverbe?*

R. L'adverbe est un mot invariable qui se joint à un verbe ou à un adjectif, ou à un autre adverbe pour le modifier.

D. *Combien distingue-t-on de sortes d'adverbes?*

R. On en distingue de plusieurs sortes dont voici les principales :

Les adverbes de manière, comme *cet homme parle agréablement, cet enfant agit sagement.*

Les adverbes d'ordre, comme *premièrement, d'abord, ensuite, auparavant.*

Les adverbes de lieu; comme *où, ici, là.*

Les adverbes de quantité, comme *beaucoup, trop, peu, guère.*

Les adverbes de comparaison : comme *plus, moins, aussi, autant.*

Les adverbes de temps : comme *hier, aujourd'hui, demain, jadis, toujours.*

Modèle d'analyse.

DICTÉE.

Cet enfant parle beaucoup. — Quelque terrible que soit la mort, elle est préférable au déshonneur. — La tortue marche très-lentement.

ANALYSE.

beaucoup adverbe modifiant le verbe parler.

quelque adverbe modifiant l'adjectif terrible.

très adverbe modifiant l'adverbe lentement, lequel modifie le verbe marcher.

L'INTERJECTION.

D. *Qu'est-ce que l'interjection?*

R. L'interjection est un mot dont on se sert pour

exprimer un sentiment très-vif et involontaire de l'âme. Tels sont les mots :

Ah ! aïe ! ouf ! ahi ! hihi ! hé ! hélas ! pour marquer la douleur ou l'affliction.

Ah ! bon ! pour marquer la joie et le désir.

Ah ! hé ! pour marquer la crainte.

Fi ! fi donc ! pour marquer l'aversion, le mépris, le dégoût.

Oh ! hé ! zest ! pour marquer la dérision.

O ! pour marquer l'admiration.

Oh ! ha ! pour marquer la surprise.

Ça ! oh ça ! pour encourager.

Holà ! hein ! oh ! pour avertir.

Holà ! hé ! pour appeler.

Chut ! st ! pour obtenir le silence.

Modèle d'analyse.

DICTÉE.

Hélas ! la vie passe comme un songe. — Fi ! vous ne trouvez donc pas de plaisir à vous occuper.

ANALYSE.

Hélas ! interjection exprimant la peine.

fi ! interjection exprimant le mépris.

OBSERVATIONS

SUR LA PREMIÈRE PARTIE.

D. *N'y a-t-il pas des mots qui peuvent être employés comme noms?*

R. Oui ; ce sont :

1.º Les adjectifs : *le beau, le vrai, l'utile.*

2.º Les verbes à l'infinitif : *le boire, le manger, le dormir.*

3.º Des propositions entières : *les on dit, les qu'en dira-t-on.*

4.º Les conjonctions : *les si, les mais, les car, les pourquoi.*

5.º Les adverbes : *le peu, le plus, le moins.*

6.º Les interjections : *les hélas ! les ha !*

D. *Quels sont les mots qui peuvent être employés comme adjectifs ?*

R. Ce sont les noms ; dans ce cas ils sont employés sans article.

Ex. : *Le premier qui fut roi. — Le sage doit toujours être maître de ses passions.*

D. *Quels sont les mots qui peuvent être pris comme adverbes ?*

R. Ce sont les adjectifs, comme *frapper fort, coûter cher, sentir bon, voir clair.* Dans ce cas, ils sont invariables.

FIN DE LA PREMIÈRE PARTIE.

DEUXIÈME PARTIE.

##

DÉSINENCES.

D. *Qu'appelle-t-on désinences?*

R. On appelle désinences les différens changemens qu'on fait subir aux mots, selon qu'ils sont employés au singulier ou au pluriel, au masculin ou au féminin (*).

FORMATION DU PLURIEL DANS LES NOMS COMMUNS.

D. *Comment se forme le pluriel dans les noms communs?*

R. RÈGLE GÉNÉRALE. Pour former le pluriel dans les noms communs, on ajoute un *s* à la fin du nom singulier. EX. : *le lion, les lions, le rat, les rats, le père, les pères, la table, les tables.*

REMARQUE. — Les noms terminés par *ant* et par *ent*, peuvent s'écrire au pluriel sans T. EX. : *les enfans, des logemens, des serpens.* Cependant l'Académie, en approuvant cette orthographe, ne permet pas que cette licence s'étende aux mots d'une syllabe ; ainsi il faut écrire, suivant elle : *des gants, des dents, des vents* ; en conservant le T.

_____

(*) Comme les désinences de l'article et du pronom nous sont connues, nous n'avons plus à nous occuper que de celles du nom, de l'adjectif et du verbe. Les mots invariables n'ont point de désinences.

D. *Tous les noms communs forment-ils leur pluriel de la même manière?*

R. Non; il y a plusieurs exceptions.

D. *Comment se forme le pluriel des noms terminés par* s, x, z?

R. Tous les noms communs qui sont terminés au singulier par l'une des trois lettres s, x, z, s'écrivent au pluriel comme au singulier : *le fils, les fils, la voix, les voix, le nez, les nez.*

D. *Comment se forme le pluriel des noms terminés au singulier par* AU, EAU, EU?

R. En ajoutant un *x* au lieu d'un *s* au nom singulier. EX. : *le joyau, les joyaux, le cheveu, les cheveux; le gateau, les gateaux.*

Excepté *bleu*, qui prend un *s* au pluriel.

D. *Comment se forme le pluriel des mots terminés en* OU?

R. Les noms terminés par *ou* au singulier ajoutent un *s* pour former leur pluriel. EX. : *le trou, les trous; le clou, les clous* Excepté *chou, genou, hibou, caillou, pou, glouglou, bijou,* qui prennent un *x* : choux, genoux, etc.

D. *Comment forme-t-on le pluriel des noms terminés par* AL *et par* AIL?

R. Les noms terminés au singulier en *al* et en *ail* font leur pluriel en changeant *al et ail* en *aux.* C'est ainsi que *cheval* fait au pluriel *chevaux; un canal, des canaux; un bocal, des bocaux; un soupirail, des soupiraux.* Cependant *bal, pal, cal, régal, local, carnaval, attirail, camail, détail, éventail, épouvantail, gouvernail, mail, portail, sérail,* font *attirails, bals,* etc.; *ail* (ognon), fait au pluriel *aulx.*

D. *Comment se forme le pluriel des noms qui nous viennent des langues étrangères?*

R. Tous les mots qui viennent des langues étrangères, et dont nous nous servons sans les avoir adoptés, ne prennent pas la marque du pluriel. On écrit : *des quiproquo, des impromptu, des alinéa, des errata, des duplicata, des in-seize, des in-douze, des in-octavo, des in-folio, des pensum, des te deum, des forte, des duo, des trio, des quatuor, des solo.* Enfin, les noms des sept notes de musique suivent encore la même règle: *deux fa, deux sol.*

Cependant on écrit avec un *s* au pluriel : *des numéros, des bravos, des opéras, des pianos, des zéros, des récépissés, des échos, des quolibets, des débets, des placets,* sans doute parce que ces mots se sont francisés par un fréquent usage.

On remarquera que dans ce cas, on doit accentuer les *e* fermés.

D. *N'y a-t-il pas quelques noms qui ont deux pluriels ?*

R. Il y en a quatre, savoir : *travail, œil, ciel, aïeul.*

Travail fait au pluriel *travaux ;* mais en parlant de certaines machines où l'on ferre les chevaux vicieux, on dit au pluriel : *des travails.* Il en est de même pour exprimer le rapport écrit que fait un fonctionnaire à ses supérieurs. EX. : *Les travails de ce ministre sont terminés.*

ŒIl, signifiant l'organe de la vue, fait au pluriel *yeux* : *les yeux du linx, du lézard.* Dans tous les autres cas, il fait *œil : des œils de bœuf* (petites lucarnes rondes pour éclairer les greniers).

Ciel fait au pluriel *cieux ;* mais pris au figuré, il fait *ciels.* EX. : *Des ciels de lit. — L'Italie est sous un des plus beaux ciels de l'Europe.*

Aïeul, signifiant *ancêtres,* fait au pluriel *aïeux ;* mais quand il signifie le grand père paternel et le grand père maternel de quelqu'un, il fait *aïeuls.*

D. *N'y a-t-il pas aussi des noms qui n'ont point de singulier ?*

R. Il y en a quelques-uns dont voici les principaux : *ténèbres, vêpres, vitraux, vivres, accordailles, aguets, annales, armoiries, bésicles, broussailles, bornes (limites), funérailles, fonts, fiançailles, mœurs, mouchettes, matines.*

3

FORMATION DU PLURIEL DANS LES NOMS PROPRES.

D. *Comment se forme le pluriel dans les noms propres ?*

R. Les noms propres n'ont point de pluriel. Ainsi l'on écrira sans la marque du pluriel : *Les deux Corneille. — Les deux Scipion. — Les trois Horace. — Les Voltaire, les Racine*, etc.

D. *N'y a-t-il pas aussi un cas où les noms propres prennent la marque du pluriel ?*

R. Oui ; c'est lorsqu'ils sont pris comme noms communs ; alors ils sont employés comme attributs ou comme régime d'une comparaison sous-entendue. EX. : *Tous les hommes ne sont pas des Catons. — Tous les orateurs ne sont pas des Bossuets. Catons* et *Bossuets* au pluriel, parce qu'on peut traduire, ne sont pas tels que *Caton*, tels que *Bossuet.*

En résumé, lorsque le nom est mis pour l'individu lui-même, il ne prend pas la marque du pluriel ; mais lorsqu'il signifie des individus que l'on compare à la personne citée par le nom propre, il s'écrit avec la marque du pluriel.

FORMATION DU PLURIEL DANS LES NOMS COLLECTIFS.

D. *Comment forme-t-on le pluriel des collectifs ?*

R. En suivant les règles décrites pour les noms communs.

FORMATION DU PLURIEL DANS LES NOMS COMPOSÉS.

D. *Comment se forme le pluriel dans les noms composés ?*

R. 1.° Pour former le pluriel dans les noms composés de deux noms unis par un trait d'union on ajoute la marque du pluriel à chaque nom. EX. : *un chef-lieu, des chefs-lieux.*

2.° Lorsque les noms qui composent le nom composé sont unis par une préposition, le premier nom seul prend la marque du pluriel. EX. : *un chef-d'œuvre, des chefs-d'œuvre.*

3.° Lorsque le nom composé est formé d'un nom et d'un adjectif, on les met tous les deux au pluriel. EX. : *des cerfs-volants, des bouts-rimés.*

4.° Lorsque le nom composé est formé d'un nom et d'un verbe, ou d'un nom et d'un adverbe, ou d'un nom et d'une préposition, le nom seul prend la marque du pluriel. EX. : *des porte-clefs, des arrière-boutiques, des avant-gardes.*

Ces règles ont cependant un grand nombre d'exceptions : il faut consulter le sens des mots composés, pour savoir à quel nombre ils appartiennent. Ainsi, par exemple, on écrit au singulier avec la marque du pluriel : *un porte-clefs,* pour un homme qui porte des clefs. — *Des couvre-feu,* pour *des* ustensiles qui couvrent le feu.—*Des garde-chasse,* pour des hommes qui gardent la chasse.

REMARQUE. — Dans les noms composés, il n'y a que les noms et les adjectifs qui peuvent, suivant le sens du nom composé, prendre la marque du pluriel. Les pronoms, les verbes, les prépositions, les conjonctions et les adverbes qui s'y trouvent employés, doivent toujours rester invariables; comme : *les qui-va-là, les passe-partout, les pour-boire, les contre-poison.*

Modèle d'analyse.

DICTÉE.

L'Indien, — le rubis, — le cheveu, — le gateau, — le trou, — le chou, — le signal, — le corail, — le bal, — le pensum. — Les Bossuet, les Bourdaloue, les Massillon, n'ont point eu de successeurs. — Tous les ministres.

ne sont pas des Sullys. — Des gardes-côtes, — des pince-sans-rire, — des contre-vents, — des cerfs-volants.

ANALYSE.

Indien	fait son pluriel en ajoutant un *s*.
rubis	n'ajoute rien au pluriel étant terminé au sing. par un *s*.
cheveu	fait son pl. en ajoutant un *x*, étant terminé au sing. par *eu*.
gateau	fait son pluriel en ajoutant un *x*, étant terminé au sing. par *eau*.
trou	fait son pluriel en ajoutant un *s*.
chou	est un des noms terminés par *ou* qui prennent un *x* au pl.
signal	fait son pl. en changeant *al* en *aux*.
corail	fait son pl. en changeant *ail* en *aux*.
bal	est un des noms terminés par *al* qui prennent un *s* au pl.
pensum	ne prend pas la marque du pl. parce qu'il vient d'une langue étrangère.
Bossuet	nom propre, ne prend pas la marque du pl., parce qu'on désigne Bossuet lui-même.
Sullys	nom propre, pris comme nom commun, prend la marque du pl. étant mis pour des hommes tels que Sully.
gardes-côtes	mis pour des hommes qui gardent les côtes.
contre-vent	mis pour des volets contre le vent.
cerfs-volants	composé d'un nom et d'un adj. prennent tous deux la marque du pluriel.

FORMATION DU FÉMININ DANS LES NOMS.

D. *Comment se forme le féminin dans les noms d'êtres animés?*

R. Il n'y a point de règles fixes pour former le féminin des êtres animés, voici ce que l'usage a fait remarquer :

1.° Il y a des substantifs masculins qui ont un nom particulier au féminin; tels sont : *un homme, une femme; un cheval, une jument; un tau-*

reau, *une vache*; *un cochon*, *une truie*; *un jars*, *une oie*; *un coq*, *une poule*.

2.º Il y en a d'autres qui changent seulement la terminaison masculine. EX. : *un lion*, *une lionne*; *un chien*, *une chienne*; *un chat*, *une chatte*; *un loup*, *une louve*; *un âne*, *une ânesse*.

3.º Enfin, il y en a qui conservent le même nom pour indiquer le mâle ou la femelle, comme *corbeau*, *crapaud*, *perruche*, *taon*, *perroquet*.

D. *Comment connaît-on le genre d'un nom inanimé*?

R. L'usage et le dictionnaire peuvent seuls nous l'apprendre; cependant lorsqu'on peut mettre *le* ou *un* devant le nom, il est du masculin, et il est du féminin quand on peut y mettre *la* ou *une*.

D. *N'a-t-on pas remarqué que quelques terminaisons sont particulièrement affectées au genre féminin*?

R. Oui; tous les noms terminés en *anse*, *ance*, *ense*, *ence*, *tion*, *ée*, et la plupart des noms terminés en *té*, sont du genre féminin.

D. *Comment se forme le féminin des noms en* eur *qui sont dérivés des verbes*?

R. Les noms en *eur* dérivés des verbes font leur féminin en *euse*; EX.: *parleur*, *parleuse*; *trompeur*, *trompeuse*; *relieur*, *relieuse*; *menteur*, *menteuse*. Excepté : *pécheur* (celui qui commet des péchés) qui fait *pécheresse*; *vengeur*, *vengeresse*; *vendeur*, *venderesse* (style du barreau); *demandeur* et *défendeur* (même style), font *demanderesse* et *défenderesse*.

D. *Comment se forme le féminin des noms en* teur?

R. Les noms en *teur* font leur féminin en *trice* : *acteur*, *actrice*; *tuteur*, *tutrice*; *créateur*, *créatrice*. Excepté : *enchanteur* qui fait *enchanteresse*. — *Cantatrice* n'a pas de masculin. *Ambassadeur* fait aussi *ambassadrice*; *serviteur* et *gouverneur* font *servante* et *gouvernante*. — *Auteur*, *amateur*, *docteur*, *général*, *géomètre*, *soldat*, *gra-*

3*

*veur, médecin, orateur, philosophe, poète, tra-
ducteur, sculpteur, témoin,* sont des deux genres.

L'ADJECTIF.

D. *L'adjectif a-t-il un genre et un nombre par lui-
même?*

R. Non; l'adjectif n'a ni genre ni nombre par
lui-même.

D. *D'où l'adjectif prend-il donc un genre et un
nombre?*

R. L'adjectif prend le genre et le nombre du nom
qu'il qualifie.

D. *Comment se forme le pluriel dans les adjectifs?*

R. Le pluriel dans les adjectifs se forme comme
dans les noms; c'est-à-dire qu'on suit les règles que
nous avons données pour la formation du pluriel
dans les noms communs.

FORMATION DU FÉMININ DANS LES ADJECTIFS.

D. *Comment forme-t-on le féminin dans les adjectifs?*

R. RÈGLE GÉNÉRALE. Pour former le féminin
dans les adjectifs, on ajoute un *e* muet à l'adjectif
masculin : *prudent, prudente; grand, grande;
vrai, vraie.*

D. *Y a-t-il des exceptions?*

R. Oui; il y a sept exceptions à la règle générale.

D. *Comment se forme le féminin des adjectifs qui
sont terminés au masculin par un* e *muet?*

R. Les adjectifs terminés au masculin par un *e*
muet ne changent pas au féminin, EX. : *un homme
aimable, une femme aimable; un chien fidèle,
une chienne fidèle.*

D. *Comment se forme le féminin des adjectifs terminés au masculin par* el, eil, ais, il, ul, ien, an, on, as, os, et, ot?

R. Ces adjectifs doublent la consonne finale avant d'ajouter l'*e* muet pour former leur féminin; **EX.** : *cruel, pareil, épais, gentil, nul, ancien, paysan, bon, gras, gros, muet, sot*, font au féminin : *cruelle, pareille, épaisse*, etc.

Cependant les adjectifs : *mauvais, niais, ras, complet, discret, inquiet, replet, secret, prêt, dévôt, idiot*, suivent la règle générale : *mauvaise, niaise, rase*, etc.

D. *Comment se forme le féminin des adjectifs terminés au masculin par* f?

R. Les adjectifs terminés au masculin par un *f*, changent cette lettre en *ve* au féminin; **EX.** : *naïf, naïve; bref, brève; veuf, veuve*.

D. *Comment se forme le féminin des adjectifs terminés par* x *au masculin*?

R. Les adjectifs masculins terminés par *x*, changent cette lettre en *se* pour former leur féminin; **EX.** : *jaloux, jalouse; heureux, heureuse*. Excepté *doux*, qui fait *douce; roux, rousse; faux, fausse; préfix, préfixe*.

D. *Comment les adjectifs* blanc, franc, sec, frais, public, caduc, grec, turc, malin, bénin, long, favori, *font-ils leur féminin*?

R. Ces adjectifs font au féminin *blanche, franche, sèche, fraîche, publique, caduque, grecque, turque, maligne, bénigne, longue, favorite*.

D. *Comment se forme le féminin des adjectifs en* eur?

R. La plupart des adjectifs en *eur*, font *euse* au féminin : *railleur, railleuse; pleureur, pleureuse*. D'autres changent *eur* en *rice: créateur, créatrice; protecteur, protectrice* (voyez les noms en **teur**).

Enfin, il y en a qui suivent la règle générale en ajoutant un *e* muet au masculin : *majeur, majeure; meilleur, meilleure; supérieur, supérieure*.

D. *N'y a-t-il pas des adjectifs qui ont deux masculins?*

R. Il y en a cinq; ce sont : *fou, mou, beau, vieux* et *nouveau,* qui font au masculin devant une voyelle ou un *h* muet, *fol, mol, bel, vieil* et *nouvel*. Ils forment leur féminin en doublant la dernière consonne avant d'ajouter l'*e* muet, *folle, molle, belle, vieille* et *nouvelle*.

Modèle d'analyse.

DICTÉE.

Un habit gris. — Un enfant sage. — Le drap gros. — Un air trompeur. — Un peuple actif. — Le mets délicieux. — Le papier blanc. — Un temps sec.

ANALYSE.

gris · fait au féminin grise, en ajoutant un *e* muet·

sage · ne change pas au fém. étant terminé au masc. par un *e* muet.

gros · fait au fém. grosse, en doublant la dernière consonne avant d'ajouter l'*e* muet.

trompeur · fait son féminin en *euse*.

actif · fait active en changeant *f* en *ve*.

délicieux · fait au fém. délicieuse en changeant *x* en *se*.

blanc · fait au fém. blanche.

sec · fait au fém. sèche.

LE VERBE.

D. *De combien de manières le verbe peut-il varier?*

R. Le verbe peut varier de quatre manières : 1.° selon le nombre ; 2.° selon les personnes ; 3.° selon le temps ; 4.° selon les modes.

D. *Comment le verbe peut-il varier selon le nombre?*

R. Lorsqu'on veut indiquer que l'action est faite ou soufferte par un sujet singulier ou pluriel, le verbe a des terminaisons qui indique le nombre.

D. *Comment le verbe varie-t-il selon les personnes?*

R. Le verbe a aussi des terminaisons particu-

lières pour indiquer que l'action est faite ou soufferte par un sujet de la 1.re, de la 2.e ou de la 3.^{e}
personne.

D. *Outre ces terminaisons n'y a-t-il pas encore
des mots qui indiquent les personnes ?*

R. Oui ; le verbe est toujours accompagné d'un
nom ou d'un pronom qui indique les personnes et
qui lui sert de sujet.

EXEMPLE.

1.re pers. sing. je chante	1.re pers. pl. nous chantons
2.e — — tu chantes	2.e — vous chantez
3.e — — il chante	3.e — ils chantent
3.e — — elle chante	3.e — elles chantent
3.e — Pierre chante (*).	3.e Pierre et Paul chantent.

D. *N'y a-t-il pas une règle d'accord entre le verbe
et le sujet ?*

R. Oui ; la voici : RÈGLE GÉNÉRALE. Tout verbe
s'accorde en nombre et en personne avec son sujet.
EX. : *Je lis. — Les enfants écrivent.* Dans le premier exemple, le sujet *je* étant de la 1.re personne
du singulier, le verbe *lire* est aussi à la 1.re personne singulière. — Dans le second exemple le sujet *enfants* étant de la 3.e pers. pl., le verbe *écrire*
est à la 3.e personne du pluriel.

D. *Qu'entend-on par ces mots : le verbe varie selon le temps ?*

R. On entend que le verbe a aussi des terminaisons qui font connaître à quelle époque l'action a
lieu.

D. *Combien y a-t-il de temps principaux ?*

R. Trois, le présent, le passé et le futur.

D. *Qu'est-ce que le présent ?*

R. C'est le moment pendant lequel une chose se
fait. EX. : *Le courrier part.* Il n'y a qu'un présent.

(*) Remarquez que dans la conjugaison des verbes les pronoms de la troisième personne peuvent varier selon le genre ;
sans pour cela que le verbe change de terminaison. Cette règle
est générale.

D. *Qu'est-ce que le passé*?

R. C'est le moment qui précède le temps présent ; car à peine si une chose est faite que l'action est passée pour le temps présent ; EX. : *Ce courrier est parti depuis cinq minutes.*

Il y a plusieurs temps pour exprimer le passé.

D. *Qu'est-ce que le futur*?

R. Lorsqu'une chose n'est pas faite, qu'elle ne se fait pas, mais qu'elle doit se faire, elle aura lieu à une époque qui n'est pas encore arrivée ; c'est cette époque qu'on appelle un temps futur. EX. : *Le courrier partira demain.* Il y a deux espèces de futur.

D. *Les temps principaux ne se présentent-ils pas sous plusieurs formes* ?

R. Oui ; sous deux formes : les temps simples , comme *je suis* , *j'aimais ;* et les temps composés, comme *j'eus été* , *j'avais aimé*.

D. *Qu'appelle-t-on temps primitifs et temps dérivés*?

R. Les temps primitifs sont ceux qui se forment du radical et d'une terminaison qui leur est propre. — Les temps dérivés sont ceux qui se forment des temps primitifs en changeant la terminaison.

D. *Combien y a-t-il de temps primitifs*?

R. Il y en a cinq : les trois personnes singulières du Présent de l'indicatif. — Le Parfait défini, le Présent de l'infinitif ; — le Participe présent et le Participe passé.

D. *Qu'entendez-vous par modes* ?

R. On entend les différentes manières d'employer le verbe dans le discours.

D. *De combien de manières peut-on employer le verbe* ?

R. Le verbe peut s'employer de cinq manières différentes qu'on appelle modes.

D. *Nommez-les cinq modes*?

R. Le mode indicatif, — le mode conditionnel , — le mode subjonctif, — le mode impératif et le mode infinitif.

D. *Qu'est-ce que le mode indicatif?*

R. C'est le mode où l'action du verbe est affirmée.

D. *Quand doit-on employer le mode indicatif?*

R. On emploie le mode indicatif toutes les fois qu'on veut affirmer qu'une action a lieu, a eu lieu, ou aura lieu ; EX. : *j'écris une lettre, j'ai écrit une lettre, j'écrirai une lettre;* pour je vous affirme que *j'écris une lettre,* etc.

D. *Qu'est-ce que le mode conditionnel?*

R. C'est le mode où le verbe est soumis à une condition. EX. : *Si vous étiez un enfant docile, vous rempliriez mieux vos devoirs.*

D. *Qu'est-ce que le mode subjonctif et quand doit-on l'employer?*

R. Le subjonctif est le mode où l'action du verbe n'est pas affirmée d'une manière absolue, on doit se servir de ce mode pour exprimer un doute, un souhait; EX. : *Je doute que tu saches lire. — Je souhaite que tu sois instruit.*

D. *Qu'est-ce que le mode impératif?*

R. C'est le mode où l'action du verbe est mise sous la forme du commandement : *Travaillez, prenez de la peine.*

D. *Qu'est-ce que le mode infinitif?*

R. C'est le mode où le verbe est pris substantivement ; dans ce cas le verbe est toujours ou sujet ou régime ; EX. : *Je dois partir demain.*

D. *Qu'appelle-t-on verbes auxiliaires?*

D. Ce sont les deux verbes *avoir* et *être* ; on les appelle auxiliaires, parce qu'ils entrent dans la conjugaison des autres verbes, dont ils aident à former les temps composés.

D. *Qu'est-ce que conjuguer?*

R. C'est présenter toutes les formes que peut recevoir un verbe, ainsi que les différentes terminaisons, suivant les temps, les personnes et le nombre.

D. *Combien y a-t-il de sortes de conjugaisons?*

R. De quatre sortes, que l'on distingue par la terminaison de l'infinitif.

VERBE AUXILIAIRE AVOIR.

MODE INDICATIF.

Présent.

Singulier.	Pluriel.
J'ai	Nous avons
Tu as	Vous avez
Il a (*)	Ils ont
Elle a	Elles ont
L'enfant a	Les enfans ont.

Imparfait.

J'avais	Nous avions
Tu avais	Vous aviez
Il avait	Ils avaient.

Parfait défini.

J'eus	Nous eûmes
Tu eus	Vous eûtes
Il eût	Ils eurent.

Parfait indéfini.

J'ai eu	Nous avons eu
Tu as eu	Vous avez eu
Il a eu	Ils ont eu.

Parfait antérieur.

J'eus eu	Nous eûmes eu
Tu eus eu	Vous eûtes eu
Il eut eu	Ils eurent eu.

Plus-que-parfait.

J'avais eu	Nous avions eu
Tu avais eu	Vous aviez eu
Il avait eu	Ils avaient eu.

Futur présent.

J'aurai	Nous aurons
Tu auras	Vous aurez
Il aura	Ils auront.

Futur passé.

J'aurai eu	N. aurons eu
Tu auras eu	V. aurez eu
Il aura eu	Ils auront eu.

MODE CONDITIONNEL.

Présent.

J'aurais	Nous aurions
Tu aurais	Vous auriez
Il aurait	Ils auraient

Passé.

J'aurais eu	N. aurions eu
Tu aurais eu	V. auriez eu
Il aurait eu	Ils auraient eu.

On dit aussi :

J'eusse eu	N. eussions eu
Tu eusses eu	V. eussiez eu
Il eût eu	Ils eussent eu.

MODE SUBJONCTIF.

Présent.

Que j'aie	Que n. ayons
Q. tu aies	Q. vous ayez
Qu'il ait	Qu'ils aient.

Imparfait.

Que j'eusse	Q. n. eussions
Q. tu eusses	Q. v. eussiez
Qu'il eût	Qu'ils eussent

Parfait.

Q. j'aie eu	Q. n. ayons eu
Q. tu aies eu	Q. v. ayez eu
Qu'il ait eu	Qu'ils aient eu

Plus-que-parfait.

Q. j'eusse eu	Q. n. eussions eu
Q. tu eusses eu	Q. v. eussiez eu
Qu'il eût eu	Qu'ils eussent eu

MODE IMPÉRATIF.

Présent.

Aie

Ayons

Ayez.

(*) Dans tous les temps qui se conjuguent et dans tous les verbes, excepté les verbes impersonnels, la 3.e pers. peut se représenter sous l'une des trois formes indiquées au Présent de l'Indicatif.

MODE INFINITIF.	Participe présent.
Présent. Avoir.	Ayant.
	Participe passé.
	Eu, eue, ayant eu.
Passé.	Futur.
Avoir eu.	Devant avoir.

VERBE AUXILIAIRE ÊTRE.

MODE INDICATIF.
Présent.

Singulier.	Pluriel.
Je suis	Nous sommes
Tu es	Vous êtes
Il est	Ils sont.
Dieu est.	Les hommes sont.

Imparfait.

J'étais	Nous étions
Tu étais	Vous étiez
Il était	Ils étaient.

Parfait défini.

Je fus	Nous fûmes
Tu fus	Vous fûtes
Il fut	Ils furent.

Parfait indéfini.

J'ai été (*).	Nous avons été
Tu as été	Vous avez été
Il a été	Ils ont été.

Parfait antérieur.

J'eus été	Nous cûmes été
Tu eus été	Vous eûtes été
Il eut été	Ils eurent été.

Plus-que-Parfait.

J'avais été	Nous avions été
Tu avais été	Vous aviez été
Il avait été	Ils avaient été.

Futur présent.

Je serai	Nous serons
Tu seras	Vous serez
Il sera	Ils seront.

Futur passé.

J'aurai été	N. aurons été
Tu auras été	V. aurez été
Il aura été	Ils auront été.

MODE CONDITIONNEL.
Présent.

Je serais	Nous serions
Tu serais	Vous seriez
Il serait	Ils seraient.

Passé.

J'aurais été	N. aurions été
Tu aurais été	V. auriez été
Il aurait été	Ils auraient été.

On dit aussi :

J'eusse été	N. eussions été
Tu eusses été	V. eussiez été
Il eût été	Ils eussent été.

MODE SUBJONCTIF.
Présent.

Que je sois	Q. n. soyons
Que tu sois	Q. v. soyez
Qu'il soit	Qu'ils soient.

(*) Le participe passé *été* est toujours invariable.

4

Imparfait.

Que je fusse   Q. n. fussions
Que tu fusses Q. v. fussiez
Qu'il fût   Qu'ils fussent.

Parfait.

Q. j'aie été   Q. n. ayons été
Q. tu aies été Q. v. ayez été
Qu'il ait été Qu'ils aient été.

Plus-que-Parfait.

Q. j'eusse été Q. n. eussions
          été.
Q. tu eusses été Q. v. eussiez
          été
Qu'il eût été   Qu'ils eussent
          été.

MODE IMPÉRATIF.
Présent.
Sois
Soyons
Soyez.

MODE INFINITIF.
Présent.
Être.
Passé.
Avoir été.
Participe présent.
Étant.
Participe passé.
Été, ayant été.
Futur.
Devant être.

PREMIÈRE CONJUGAISON.

Tous les verbes de cette conjugaison ont le Présent de l'Infinitif terminé par ER.

MODE INDICATIF.
Présent.

J'aime
Tu aimes
Il aime.

Nous aimons
Vous aimez
Ils aiment.

{ Les 3 pers. sing. du présent de l'ind. se forment du radical *aim* et des terminaisons *e, es, e.* Les 3 pers. du pl. du présent de l'indicatif se forment du participe présent *aimant,* en changeant *ant* en *ons, ez, ent.*

Imparfait.

J'aimais
Tu aimais
Il aimait
Nous aimions
Vous aimiez
Ils aimaient.

{ L'imparfait de l'ind. se forme du part. pr. *aimant* en changeant *ant* en *ais, ais, ait, ions, iez, aient.*

Parfait défini.

J'aimai
Tu aimas
Il aima
Nous aimâmes
Vous aimâtes
Ils aimèrent.

{ Le parfait déf. se forme du radical *aim* et des six terminaisons *ai, as, a, âmes, âtes, èrent.*

Parfait indéfini.

J'ai aimé
Tu as aimé
Il a aimé
Nous avons aimé
Vous avez aimé
Ils ont aimé.

{ Le parfait indéf. se forme du Présent de l'ind. du verbe avoir, et du participe passé *aimé.*

Parfait antérieur.

J'eus aimé
Tu eus aimé
Il eut aimé
Nous eûmes aimé
Vous eûtes aimé
Ils eurent aimé.

{ Le parfait ant. se forme du parfait déf. du verbe *avoir* et du participe passé *aimé.*

Plus-que-Parfait.

J'avais aimé
Tu avais aimé
Il avait aimé
Nous avions aimé
Vous aviez aimé
Ils avaient aimé.

{ Le plus-que-parfait se forme de l'imparfait de l'ind. du verbe *avoir* et du participe passé *aimé.*

Futur présent.

J'aimerai
Tu aimeras
Il aimera
Nous aimerons
Vous aimerez
Ils aimeront.

{ Le futur présent se forme du présent de l'inf. *aimer*, en y ajoutant les six terminaisons *ai, as, a, ons, ez, ont.*

Futur passé.

J'aurai aimé
Tu auras aimé
Il aura aimé
Nous aurons aimé
Vous aurez aimé
Ils auront aimé.

{ Le futur passé se forme du futur présent du verbe *avoir* et du participe passé *aimé.*

MODE CONDITIONNEL.
Présent.

J'aimerais
Tu aimerais
Il aimerait
Nous aimerions
Vous aimeriez
Ils aimeraient.

> Le conditionnel prés. se forme du présent de l'inf. *aimer*, en y ajoutant les terminaisons *ais*, *ais*, *ait*, *ions*, *iez*, *aient*.

Passé.

J'aurais aimé
Tu aurais aimé
Il aurait aimé
Nous aurions aimé
Vous auriez aimé
Ils auraient aimé.

> Le passé se forme du condit. présent du verbe *avoir*, et du participe passé *aimé*.

On dit aussi :

J'eusse aimé
Tu eusses aimé
Il eût aimé
Nous eussions aimé
Vous eussiez aimé
Ils eussent aimé.

> Ce temps est formé de l'imparfait du subj. du verbe *avoir*, moins le *que*, et du participe passé *aimé*.

MODE SUBJONCTIF.
Présent.

Que j'aime
Que tu aimes
Qu'il aime
Que nous aimions
Que vous aimiez
Qu'ils aiment.

> Le présent du subj. se forme du participe présent *aimant*, en changeant *ant* en *e*, *es*, *ions*, *iez*, *ent*.

Imparfait.

Que j'aimasse.
Que tu aimasses.
Qu'il aimât.
Que nous aimassions.
Que vous aimassiez.
Qu'ils aimassent.

> L'imparf. du subj. se forme du parfait défi. *j'aimai*, etc., en changeant les terminaisons de ce temps en *asse*, *asses*, *ât*, *assions*, *assiez*, *assent*.

Parfait.

Que j'aie aimé.
Que tu aies aimé.
Qu'il ait aimé.
Que nous ayons aimé.
Que vous ayez aimé.
Qu'ils aient aimé.

> Le parfait du subj. se forme du présent du subj. du verbe avoir et du part. passé *aimé*.

Plus-que-Parfait.
Que j'eusse aimé
Que tu eusses aimé
Qu'il eût aimé
Que nous eussions aimé
Que vous eussiez aimé
Qu'ils eussent aimé.

Le plus-que-parfait du subj. se forme de l'imparfait du subj. du verbe avoir et du part. passé *aimé.*

MODE IMPÉRATIF.
Présent.

Aime.
Aimons.
Aimez.

Le présent de l'imp. se forme du présent de l'ind. en supprimant tous les pronoms, ainsi que la 1.re et la 3.me pers. du singulier, et la 3.me pers. pl.

REMARQUE. Dans les verbes de la première conjugaison, on retranche le *s* final de la 2.me pers. sing. du présent de l'imp., ainsi le veut l'usage.

MODE INFINITIF.
Présent.
Aimer.

Le présent de l'inf. se forme du radical *aim* et de la terminaison *er*.

Passé.
Avoir aimé.

Le passé de l'inf. se forme du présent de l'inf. *avoir* et du part. passé *aimé.*

Participe présent.
Aimant.

Le part. présent se forme du radical *aim* et de la terminaison *ant.*

Participe passé.
aimé, aimée, ayant aimé.

Le part. passé se forme du radical *aim* et de la terminaison *é* pour le masc. et *ée* pour le féminin.

Futur.
Devant aimer.

Le futur de l'inf. se forme du part. présent *devant* et du présent de l'inf. *aimer.*

4*

REMARQUES SUR LA PREMIÈRE CONJUGAISON.

D. *Que doit-on remarquer dans la conjugaison des verbes dont l'infinitif est terminé par* ger ?

R. On doit remarquer que les verbes en *ger* comme *ranger*, prennent un *e* muet après le *g* toutes les fois que cette consonne est suivie d'une des lettres *a* ou *o* ; EX. : *je rangeai, nous mangeons*.

D. *Que doit-on remarquer sur les verbes dont l'infinitif est terminé par* eler *et* eter ?

R. On doit remarquer que les verbes en *eler* et *eter*, comme *appeler* et *jeter*, doublent les consonnes *l* et *t* quand elles sont suivies d'un *e* muet ; comme *j'appelle, je jetterai*.

D. *Quelles sont les remarques qu'on doit faire dans la conjugaison des verbes en* ier ?

R. Les verbes dont l'infinitif est terminé par *ier* prennent deux *i* aux deux premières personnes plurielles de l'imparfait de l'ind. et du présent du subjonctif : *vous niiez, — que nous liions*.

D. *Que faut-il remarquer sur les verbes dont l'infinitif est terminé par* ayer, oyer, uyer ?

R. Il faut remarquer que ces verbes changent l'*y* en *i* simple devant un *e* muet ; EX : *je paie*, pour *je paye, j'essuierai*, pour *j'essuyerai*. De plus, que l'*y* sera suivi d'un *i*, aux deux premières personnes plurielles de l'imparf. de l'in. et du présent du subjonctif ; EX. : *il faut que nous balayions, il faut que nous essuyions*.

DEUXIEME CONJUGAISON.

Tous les verbes de cette conjugaison ont le Présent de l'Infinitif terminé par IR.

MODE INDICATIF.
Présent.

Je finis	Les trois pers. du s. se forment du radical *fin* et des 3 terminaisons *is, is, it.*
Tu finis	
Il finit.	
Nous finissons	Les 3 pers. pl. du présent de l'ind. se forment du part. présent *finissant*, en changeant *ant* en *ons, ez, ent.*
Vous finissez	
Ils finissent.	

Imparfait.

Je finissais	L'imparfait de l'ind. se forme du part. présent *finissant* en changeant *ant* en *ais, ais, ait, ions, iez, aient.*
Tu finissais	
Il finissait	
Nous finissions	
Vous finissiez	
Ils finissaient.	

Parfait d fini.

Je finis	Le parf. déf. se forme du radical *fin* et des terminaisons *is, is, it, imes, ites, irent.*
Tu finis	
Il finit	
Nous finimes	
Vous finites	
Ils finirent.	

Parfait indéfini.

J'ai fini	Le parfait indéf. se forme du présent de l'ind. du verbe *avoir* et du part. passé *fini.*
Tu as fini	
Il a fini	
Nous avons fini	
Vous avez fini	
Ils ont fini.	

Parfait antérieur.

J'eus fini	Le parfait ant. se forme du parfait déf. du verbe *avoir* et du part. passé *fini.*
Tu eus fini	
Il eut fini	
Nous eûmes fini	
Vous eûtes fini	
Ils eurent fini.	

Plus-que-Parfait.

J'avais fini
Tu avais fini
Il avait fini
Nous avions fini
Vous aviez fini
Ils avaient fini.

Le plus-que-parfait se forme de l'imparfait de l'ind. du verbe *avoir* et du part. passé *fini*.

Futur présent.

Je finirai
Tu finiras
Il finira
Nous finirons
Vous finirez
Ils finiront.

Le futur présent se forme du présent de l'inf. *finir* en y ajoutant les terminaisons *ai, as, a, ons, ez, ont*.

Futur passé.

J'aurai fini
Tu auras fini
Il aura fini
Nous aurons fini
Vous aurez fini
Ils auront fini.

Le futur passé se forme du futur prés. du verbe *avoir* et du part. passé *fini*.

MODE CONDITIONNEL.

Présent.

Je finirais
Tu finirais
Il finirait
Nous finirions
Vous finiriez
Ils finiraient.

Le cond. pré. se forme du présent de l'inf. *finir* en y ajoutant les 6 terminaisons *ais, ais, ait, ions, iez, aient*.

Passé.

J'aurais fini
Tu aurais fini
Il aurait fini
Nous aurions fini
Vous auriez fini
Ils auraient fini.

Le passé se forme du cond. pr. du verbe *avoir* et du par. passé *fini*.

On dit aussi :

J'eusse fini
Tu eusses fini
Il eût fini
Nous eussions fini
Vous eussiez fini
Ils eussent fini.

Ce cond. passé se forme de l'imparf. du sub. du verbe *avoir* moins le pronom *que* et du part. passé *fini*.

MODE SUBJONCTIF.

Présent.

Que je finisse
Que tu finisses
Qu'il finisse
Que nous finissions
Que vous finissiez
Qu'ils finissent.

{ Le présent du subj. se forme du part. présent *finissant* en changeant *ant* en *e, es, e, ions, iez, ent.*

Imparfait.

Que je finisse
Que tu finisses
Qu'il finît
Que nous finissions
Que vous finissiez
Qu'ils finissent.

{ L'imparfait du subj. se forme du parfait déf. en changeant les terminaisons de ce temps en *isse, isses, ît, issions, issiez, issent.*

Parfait.

Que j'aie fini
Que tu aies fini
Qu'il ait fini
Que nous ayons fini
Que vous ayez fini
Qu'ils aient fini.

{ Le parfait se forme du présent du subj. du verbe *avoir* et du part. passé *fini.*

Plus-que-Parfait.

Que j'eusse fini
Que tu eusses fini
Qu'il eût fini
Que nous eussions fini
Que vous eussiez fini
Qu'ils eussent fini.

{ Le plus-que-parfait se forme de l'imparfait du subj. du verbe *avoir* et du part. passé *fini.*

MODE IMPÉRATIF.

Présent.

Finis
Finissons
Finissez.

{ Le présent de l'impératif se forme du présent de l'ind. en supprimant tous les pronoms, ainsi que la 1.re et la 3.e pers. du sing. et la 3.e pers. pl.

MODE INFINITIF.

Présent.

Finir.

| Le présent de l'inf. se forme du radical *fin* et de la terminaison *ir.*

Passé.

Avoir fini.

| Le passé se forme du p. de l'inf. *avoir* et du part. passé *fini.*

Participe présent.
Finissant.

Le part. p. se forme du radical *fin* et de la terminaison *issant*.

Participe passé.
Fini, finie, ayant fini.

Le part. passé se forme du radical *fin* et de la terminaison *i* pour le masc. et *ie* pour le fém.

Futur.
Devant finir.

Le futur de l'inf. se forme du part. présent *devant* et du présent de l'inf. *finir*.

TROISIÈME CONJUGAISON.

Tous les verbes de cette conjugaison ont le Présent de l'Infinitif terminé par OIR.

MODE INDICATIF.
Présent.

Je reçois
Tu reçois
Il reçoit.

Les 3 pers. sing. du présent de l'ind. se forment du radical *rec*, et des trois terminaisons, *ois, ois, oit* (*).

Nous recevons
Vous recevez
Ils reçoivent.

Les 2 premières pers. pl. se forment du participe présent *recevant* en changeant *ant* en *ons, ez*. La 3.ᵉ pers. se forme du radical *rec* et de la terminaison *oivent*.

Imparfait.

Je recevais
Tu recevais
Il recevait
Nous recevions
Vous receviez
Ils recevaient.

L'imparfait se forme du participe présent *recevant*, en changeant *ant* en *ais, ais, ait, ions, iez, aient*.

(*) Le radical du verbe recevoir est *recev;* mais le Présent de l'Indic. au sing. et à la 3.ᵉ personne pl. le Parfait défini et le Participe passé, n'emploient dans leur formation que la 1.ʳᵉ partie de ce radical *rec*. Il n'y a pas un seul verbe de parfaitement régulier dans cette conjugaison.

Parfait défini

Je reçus
Tu reçus
Il reçut
Nous reçûmes
Vous reçûtes
Ils reçurent.

{ Le parfait déf. se forme du radical *rec* et dès six terminaisons *us, us, ut, ûmes, eûtes, urent.*

Parfait indéfini.

J'ai reçu
Tu as reçu
Il a reçu
Nous avons reçu
Vous avez reçu
Ils ont reçu.

{ Le parfait indéf. se forme du présent de l'indic. du verbe *avoir,* et du participe passé *reçu.*

Parfait antérieur.

J'eus reçu
Tu eus reçu
Il eut reçu
Nous eûmes reçu
Vous eûtes reçu
Ils eurent reçu.

{ Le parfait ant. se forme du parf. déf. du verbe *avoir,* et du part. passé *reçu.*

Plus-que-Parfait.

J'avais reçu
Tu avais reçu
Il avait reçu
Nous avions reçu
Vous aviez reçu
Ils avaient reçu.

{ Le plus-que-parfait se forme dè l'imparfait de l'ind. du verbe *avoir* et du Part. passé *reçu.*

Futur présent.

Je recevrai
Tu recevras
Il recevra
Nous recevrons
Vous recevrez
Ils recevront.

{ Le futur présent se forme du présent de l'inf. *recevoir* en changeant *oir* en *rai, ras, ra, rons, rez, rons.*

Futur passé.

J'aurai reçu
Tu auras reçu
Il aura reçu
Nous aurons reçu
Vous aurez reçu
Ils auront reçu.

{ Le futur passé se forme du futur présent du verbe *avoir* et du participe passé *reçu.*

MODE CONDITIONNEL.
Présent.

Je recevrais
Tu recevrais
Il recevrait
Nous recevrions
Vous recevriez
Ils recevraient.

> Le condit. prés. se forme du présent de l'inf. *recevoir* en changeant *oir* en *rais, rais, rait, rions, riez, raient.*

Passé.

J'aurais reçu
Tu aurais reçu
Il aurait reçu
Nous aurions reçu
Vous auriez reçu
Ils auraient reçu.

> Le passé se forme du condit. prés. du verbe *avoir* et du part. passé *reçu.*

On dit aussi :

J'eusse reçu
Tu eusses reçu
Il eût reçu
Nous eussions reçu
Vous eussiez reçu
Ils eussent reçu.

> Ce temps se forme de l'imparf. du subj. du verbe *avoir,* moins le pronom *que,* et du partic. passé *reçu.*

MODE SUBJONCTIF.
Présent.

Que je reçoive
Que tu reçoives
Qu'il reçoive
Que nous recevions
Que vous receviez
Qu'ils reçoivent.

> Le présent du subj. se forme du part. pr. *recevant,* en changeant *ant* en *e, es, e, ions, iez, ent.* Les 3 pers. du sing. et la 3.e pers. plur. du présent du subj. sont souvent irrégulières, comme dans le verbe *recevoir.* On les forme alors du présent de l'indicatif.

Imparfait.

Que je reçusse
Que tu reçusses
Qu'il reçût
Que nous reçussions
Que vous reçussiez
Qu'il reçussent.

> L'imparf. du subj. se forme du parfait défini, en changeant les terminaisons de ce temps en *usse, usses, ût, eussions, ussiez, ussent.*

Parfait.

Que j'aie reçu
Que tu aies reçu
Qu'il ait reçu
Que nous ayons reçu
Que vous ayez reçu
Qu'ils aient reçu.

Le parfait se forme du présent du subj. du verbe *avoir* et du part. passé *reçu.*

MODE IMPÉRATIF.
Présent.

Reçois
Recevons
Recevez.

Le présent de l'impératif se forme du présent de l'ind. en supprimant tous les pronoms, ainsi que la 1.re et la 3.e pers. du sing. et la 3.e pers. plurielle.

MODE INFINITIF.
Présent.
Recevoir.

Le présent de l'inf. se forme du radical *recev* et de la terminaison *oir.*

Passé.
Avoir reçu.

Le passé se forme du présent de l'inf. *avoir* et du participe passé *reçu.*

Participe présent.
Recevant

Le participe présent se forme du radical *recev* et de la terminaison *ant.*

Participe passé.
Reçu, reçue, ayant reçu.

Le participe passé se forme du radical *rec* et de la terminaison *u* pour le masc., et *ue* pour le féminin.

Futur.
Devant recevoir.

Le futur se forme du participe présent *devant* et du présent de l'inf. *recevoir.*

QUATRIÈME CONJUGAISON.

Tous les verbes de cette conjugaison ont le Présent de l'Infinitif terminé par RE.

MODE INDICATIF.
Présent.

Je rends	Les 3 pers. du sing. du présent
Tu rends	de l'ind. se forment du radical
Il rend	*rend* et des terminaisons *s, s.*
Nous rendons	Les 3 pers. plur. se forment du
Vous rendez	part. présent *rendant* en chan-
Ils rendent.	geant *ant* en *ons, ez, ent.*

Imparfait.

Je rendais	
Tu rendais	L'imparfait se forme du part.
Il rendait	présent *rendant* en changeant
Nous rendions	*ant* en *ais, ais, ait, ions, iez,*
Vous rendiez	*aient.*
Ils rendaient.	

Parfait défini.

Je rendis	
Tu rendis	Le parfait défini se forme du
Il rendit	radical *rend* et des six termi-
Nous rendîmes	naisons *is, is, it, îmes, îtes,*
Vous rendîtes	*irent.*
Ils rendirent.	

Parfait indéfini.

J'ai rendu	
Tu as rendu	
Il a rendu	Le parfait indéf. se forme du
Nous avons rendu	présent de l'indic. du verbe
Vous avez rendu	*avoir* et du part. passé *rendu.*
Ils ont rendu.	

Parfait antérieur.

J'eus rendu	
Tu eus rendu	
Il eut rendu	Le parfait antér. se forme du
Nous eûmes rendu	parfait déf. du verbe *avoir* et
Vous eûtes rendu	du part. passé *rendu.*
Ils eurent rendu.	

Plus-que-Parfait.

J'avais rendu
Tu avais rendu
Il avait rendu
Nous avions rendu
Vous aviez rendu
Ils avaient rendu.

{ Le plus-que-parfait se forme de l'imparfait du verbe *avoir* et du participe passé *rendu.*

Futur présent.

Je rendrai
Tu rendras
Il rendra
Nous rendrons
Vous rendrez
Ils rendront.

{ Le futur présent se forme du présent de l'inf. *rendre* en changeant *re* en *rai, ras, ra, rons, rez, ront.*

Futur passé.

J'aurai rendu
Tu auras rendu
Il aura rendu
Nous aurons rendu
Vous aurez rendu
Ils auront rendu.

{ Le futur passé se forme du Futur prés. du verbe *avoir* et du participe passé *rendu.*

MODE CONDITIONNEL.
Présent.

Je rendrais
Tu rendrais
Il rendrait
Nous rendrions
Vous rendriez
Ils rendraient.

{ Le condit. prés. se forme du présent de l'inf. *rendre*, en changeant *re* en *rais, rais, rait, rions, riez, raient.*

Passé.

J'aurais rendu
Tu aurais rendu
Il aurait rendu
Nous aurions rendu
Vous auriez rendu
Ils auraient rendu.

{ Le condit. passé se forme du condit. présent du verbe *avoir* et du participe passé rendu.

On dit aussi :

J'eusse rendu
Tu eusses rendu
Il eût rendu
Nous eussions rendu
Vous eussiez rendu
Ils eussent rendu.

{ Ce passé se forme de l'imparf. du subj. du verbe *avoir*, moins le *que*, et du part. passé *rendu.*

MODE SUBJONCTIF.

Présent.

Que je rende
Que tu rendes
Qu'il rende
Que nous rendions
Que vous rendiez
Qu'ils rendent.

> Le présent du subj. se forme du partic. prés. *rendant*, en changeant *ant* en *e, es, e, ions, iez, ent.*

Imparfait.

Que je rendisse
Que tu rendisses
Qu'il rendît
Que nous rendissions
Que vous rendissiez
Qu'ils rendissent.

> L'impar. du subj. se forme du parfait déf. en changeant les terminaisons de ce temps en *isse, isses, ît, issions, issiez, issent.*

Parfait.

Que j'aie rendu
Que tu aies rendu
Qu'il ait rendu
Que nous ayons rendu
Que vous ayez rendu
Qu'ils aient rendu.

> Le parfait se forme du présent du subj. du verbe *avoir* et du part. passé *rendu.*

Plus-que-parfait.

Que j'eusse rendu
Que tu eusses rendu
Qu'il eût rendu
Que nous eussions rendu
Que vous eussiez rendu
Qu'ils eussent rendu.

> Le plus-que-parfait se forme de l'imp. du subj. du verbe *avoir* et du part. passé *rendu.*

MODE IMPÉRATIF.

Présent.

Rends.
Rendons.
Rendez.

> Le présent de l'imp. se forme du présent de l'ind. en supprimant tous les pronoms, ainsi que la 1.re et la 3.e pers. du sing. et la 3.e pers. du pl.

MODE INFINITIF.

Présent.

Rendre.

> Le présent de l'inf. se forme du radical *rend* et de la terminaison *re.*

Passé. Avoir rendu.	Le passé se forme du présent de l'inf. *avoir* et du part. passé *rendu.*
Participe présent. Rendant.	Le part. pré. se forme du radical *rend* et de la terminaison *ant.*
Participe passé. Rendu, rendue, ayant rendu.	Le part. passé se forme du radical *rend* et de la terminaison *u* pour le masc. et *ue* pour le féminin.
Futur. Devant rendre.	Le futur de l'inf. se forme du part. présent du verbe *devoir* et du part. passé *rendu.*

Ainsi se conjuguent tous les verbes actifs et tous les verbes neutres qui se conjuguent avec avoir, et qui sont dits réguliers.

1.re REMARQUE. Dans tous les verbes possibles, le participe présent est invariable.

2.e REMARQUE. Le participe passé actif est invariable, quand le régime direct est après le participe, ou quand le verbe n'a pas de régime de cette nature; mais il est variable quand le régime direct est avant.

3.e REMARQUE. Le participe passé des verbes neutres conjugués avec avoir est toujours invariable.

CONJUGAISON D'UN VERBE PASSIF.

MODE INDICATIF.

Présent.
Je suis aimé ou aimée
Nous sommes aimés ou aimées.

Imparfait.
J'étais aimé ou aimée
Nous étions aimés ou aimées.

Parfait défini.
Je fus aimé ou aimée
Nous fûmes aimés ou aimées.

5 *

Parfait indéfini.

J'ai été aimé ou aimée
Nous avons été aimés ou aimées.

Parfait antérieur.

J'eus été aimé ou aimée
Nous eûmes été aimés ou aimées.

Plus-que-parfait.

J'avais été aimé ou aimée
Nous avions été aimés ou aimées.

Futur présent.

Je serai aimé ou aimée
Nous serons aimés ou aimées.

Futur passé.

J'aurai été aimé ou aimée
Nous aurons été aimés ou aimées.

MODE CONDITIONNEL.

Présent.

Je serais aimé ou aimée
Nous serions aimés ou aimées.

Passé.

J'aurais été aimé ou aimée
Nous aurions été aimés ou aimées.

On dit aussi :

J'eusse été aimé ou aimée
Nous eussions été aimés ou aimées.

MODE SUBJONCTIF.

Présent.

Que je sois aimé ou aimée
Que nous soyons aimés ou aimées.

Imparfait.

Que je fusse aimé ou aimée
Que nous fussions aimés ou aimées.

Parfait.

Que j'aie été aimé ou aimée
Que nous ayons été aimés ou aimées.

Plus-que-parfait.

Que j'eusse été aimé ou aimée
Que nous eussions été aimés ou aimées.

MODE IMPÉRATIF.

Présent.

Sois aimé ou aimée
Soyons aimés ou aimées
Soyez aimés ou aimées.

MODE INFINITIF.

Présent.
Etre aimé ou aimée.
Passé.
Avoir été aimé ou aimée.
Participe présent.
Etant aimé ou aimée.
Participe passé.
Aimé, ou aimée, ayant été aimé ou aimée.
Futur.
Devant être aimé ou aimée.

REMARQUE. Le participe passé passif s'accorde tou-jours avec le sujet du verbe.

CONJUGAISON D'UN VERBE NEUTRE AVEC ÊTRE.

MODE INDICATIF.
Présent.
Je meurs
Nous mourons.
Imparfait.
Je mourais
Nous mourions.
Parfait défini.
Je mourus
Nous mourûmes.
Parfait indéfini.
Je suis mort
Nous sommes morts.
Parfait antérieur.
Je fus mort
Nous fûmes morts.
Plus-que-parfait.
J'étais mort
Nous étions morts.
Futur présent.
Je mourrai
Nous mourrons.
Futur passé.
Je serai mort
Nous serons morts.

MODE CONDITIONNEL.
Présent.
Je mourrais
Nous mourrions.
Passé.
Je serais mort
Nous serions morts.

MODE SUBJONCTIF.
Présent.
Que je meure
Que nous mourrions.
Imparfait.
Que je mourusse
Que nous mourussions.
Parfait.
Que je sois mort
Que nous soyons morts.
Plus-que-parfait.
Que je fusse mort
Que nous fussions morts.

MODE IMPÉRATIF.
Présent.
Meurs
Mourons
Mourez.

MODE INFINITIF.
Présent.
Mourir.
Passé.
Être mort.
Participe présent.
Mourant.
Participe passé.
Mort, morte.

Étant mort.
Futur.
Devant mourir.

REMARQUE. Lorsque les temps composés sont conjugués avec *être*, le participe passé s'accorde avec le sujet du verbe.

CONJUGAISON D'UN VERBE PRONOMINAL.

MODE INDICATIF.
Présent.
Je me flatte
Nous nous flattons.
Imparfait.
Je me flattais
Nous nous flattions.
Parfait défini.
Je me flattai
Nous nous flattâmes.
Parfait indéfini.
Je me suis flatté
Nous nous sommes flattés.
Parfait antérieur.
Je me fus flatté
Nous nous fûmes flattés.
Plus-que-parfait.
Je m'étais flatté
Nous nous étions flatté.
Futur présent.
Je me flatterai
Nous nous flatterons.
Futur passé.
Je me serai flatté
Nous nous serons flattés.
MODE CONDITIONNEL.
Présent.
Je me flatterais
Nous nous flatterions.
Passé.
Je me serais flatté
Nous nous serions flattés.

MODE SUBJONCTIF.
Présent.
Que je me flatte
Que nous nous flattions.
Imparfait.
Que je me flattasse
Que nous nous flattassions.
Parfait.
Que je me sois flatté
Que nous nous soyons flattés.
Plus-que-parfait.
Que je me fusse flatté
Q. nous nous fussions flattés.

MODE IMPÉRATIF.
Présent.
Flatte-toi.
Flattons-nous.
Flattez-vous.

MODE INFINITIF.
Présent.
Se flatter.
Passé.
S'être flatté.
Participe présent.
Se flattant.
Participe passé.
Flatté, flattée.
S'être flatté.
Futur.
Devant se flatter.

REMARQUE. — Dans ces verbes l'auxiliaire *être* est mis pour l'auxiliaire avoir; on dit par euphonie : *Je me suis flatté* pour *j'ai flatté moi*, etc.

Le participe passé des verbes pronominaux est variable quand le second pronom est régime direct. EX.: *Nous nous sommes flattés* pour *nous avons flatté nous*. On voit que le second nous est régime direct puisqu'il peut répondre à la question *qui* ou *quoi* placée après le verbe; EX.: *Nous avons flatté qui?* Réponse : *Nous*. Mais le participe passé pronominal est invariable lorsque le régime direct est placé après le verbe. EX.: *Nous nous sommes proposé d'enseigner la géographie. Proposé*, invariable, le régime direct *enseigner* étant placé après. Le second nous est ici régime indirect.

CONJUGAISON D'UN VERBE IMPERSONNEL.

MODE INDICATIF.	*Futur passé.*	*Parfait.*
Présent.	Il aura fallu.	Qu'il ait fallu.
Il faut.	**MODE**	*Plus-que-Parfait.*
Imparfait.	**CONDITIONNEL.**	Qu'il eût fallu.
Il fallait.	*Présent.*	*Point d'impératif.*
Parfait défini.	Il faudrait.	
Il fallut.	*Passé.*	**MODE INFINITIF.**
Parfait indéfini.	Il aurait fallu.	*Présent.*
Il a fallu.	**MODE**	Falloir.
Parfait antérieur.	**SUBJONCTIF.**	*Participe présent.*
Il eut fallu.	*Présent.*	Fallant.
Plus-que-Parfait.	Qu'il faille.	*Participe passé.*
Il avait fallu.	*Imparfait.*	Fallu.
Futur présent.	Qu'il fallut.	
Il faudra.		

REMARQUE. — Le participe passé des verbes impersonnels est toujours invariable.

CONJUGAISON D'UN VERBE INTERROGATIF.

MODE INDICATIF.	
Présent.	*Imparfait.*
Chanté-je?	Chantais-je?
Chantes-tu?	Chantais-tu?
Chante-t-il?	Chantait-il?
Chantons-nous?	Chantions-nous?
Chantez-vous?	Chantiez-vous?
Chantent-ils?	Chantaient-ils?

Parfait défini.	*Futur passé.*
Chantai-je ?	Aurai-je chanté ?
Chantas-tu ?	Auras-tu chanté ?
Chanta-t-il ?	Aura-t-il chanté ?
Chantâmes-nous ?	Aurons-nous chanté ?
Chantâtes-vous ?	Aurez-vous chanté ?
Chantèrent-ils ?	Auront-ils chanté ?

Parfait indéfini.   MODE CONDITIONNEL.

	Présent.
Ai-je chanté ?	
As-tu chanté ?	Chanterais-je ?
A-t-il chanté ?	Chanterais-tu ?
Avons-nous chanté ?	Chanterait-il ?
Avez-vous chanté ?	Chanterions-nous ?
Ont-ils chanté ?	Chanteriez-vous ?
Point de Parfait antérieur.	Chanteraient-ils ?

Plus-que-Parfait.	*Passé.*
Avais-je chanté ?	Aurais-je chanté ?
Avais-tu chanté ?	Aurais-tu chanté ?
Avait-il chanté ?	Aurait-il chanté ?
Avions-nous chanté ?	Aurions-nous chanté ?
Aviez-vous chanté ?	Auriez-vous chanté ?
Avaient-ils chanté ?	Auraient-ils chanté ?

Futur présent.	
Chanterai-je ?	
Chanteras-tu ?	Point { *de Subjonctif.*
Chantera-t-il ?	*d'Impératif.*
Chanterons-nous ?	*d'Infinitif.*
Chanterez-vous ?	
Chanteront-ils ?	

D. *Que doit-on remarquer dans la conjugaison des verbes interrogatifs?*

R. On doit remarquer 1.° que dans les temps simples, le pronom se place après le verbe : *chantez-vous? écrit-il?* Que dans les temps composés le pronom se place après l'auxiliaire : *avez-vous fini?*

2.° Que le pronom doit toujours être joint au verbe qui le précède par un trait d'union.

3.° Que lorsque le verbe ou l'auxiliaire est suivi d'un des pronoms *il, elle, on,* on doit mettre un T euphonique entre le verbe et le pronom ; EX. : *aima-t-il? — dansa-t-elle? — Se taira-t-on?*

4.º Que l'*e* muet qui termine le verbe devient un *e* fermé devant le pronom *je : aimé-je? parlé-je?*

DES VERBES IRRÉGULIERS ET DÉFECTUEUX.

D. *Qu'appelle-t-on verbes irréguliers?*

R. Ce sont ceux qui se conjuguent dans tous leurs temps et leurs personnes, comme *aimer, finir, recevoir* et *rendre.*

D. *Quand est-ce qu'un verbe est irrégulier?*

R. Les verbes sont irréguliers quand leurs temps dérivés ne se forment pas régulièrement des temps primitifs.

D. *Qu'est-ce qu'un verbe défectueux?*

R. C'est celui qui n'a pas tous ses temps.

Conjugaison des verbes irréguliers et défectueux.

PREMIÈRE CONJUGAISON.

Aller.	Ind. prés. : *Je vais, tu vas, il va, nous allons, vous allez, ils vont*; futur présent: *J'irai*; subj. prés. : *Que j'aille*; part. prés. : *allant.* Il y a deux part. passés: *allé* et *été;* le premier se conjugue avec *être* et le second avec *avoir.* REMARQUE. — *Il est allé à Paris,* signifie qu'il y est encore au moment où l'on parle. *Il a été à Paris,* signifie qu'il en est revenu.
Aller (s'en)	Ind. prés. : *je m'en vais;* futur: *je m'en irai;* subj. prés. : *que je m'en aille;* partic. prés. : *s'en allant;* il n'y a que le partic. passé *allé.*
Envoyer.	Ce verbe se conjugue comme les verbes en *ayez;* il n'est irrégulier qu'au futur prés. et au condit. prés., où il fait : *j'enverrai, j'enverrais.*

2.° CONJUGAISON.

Acquérir. Ind. prés. : *j'acquiers, tu acquiers, il acquiert, nous acquérons, vous acquérez, ils acquièrent*; parf. déf. : *j'acquis*; futur : *j'acquerrai*; participe prés. : *acquérant*; part. passé : *acquis*.

Assaillir. Ind. prés. : *j'assaille, tu assailles, il assaille*, etc.; parf. déf., *j'assaillis*; partic. prés., *assaillant*; partic. passé, *assailli*.

Bénir. Est régulier, excepté qu'il a deux participes passés, *béni* et *bénit* qui font au féminin *béni* et *bénite*.

REMARQUE. — Le participe passé *bénit* ne se dit qu'en parlant des choses consacrées par la main des prêtres : *de l'eau bénite, du pain bénit*.

Bouillir. Ind. prés. : *je bous, tu bous, il bout*; parf. déf., *je bouillis*; partic. prés., *bouillant*; partic. passé, *bouilli*.

Courir. Ind. prés. : *je cours, tu cours, il court*; parf. déf., *je courus*; futur, *je courrai*; part. prés., *courant*; part. passé, *couru*.

Couvrir. Voyez *ouvrir*.

Cueillir. Ind. prés. : *je cueille, tu cueilles, il cueille*; parf. déf. *je cueillis*; futur, *je cueillerai*; part. prés., *cueillant*; part. passé, *cueilli*.

Faillir. Ce verbe n'est usité qu'au parfait défini, *je faillis*; à tous les temps composés : *j'ai failli, j'avais failli*; au futur et au condit. prés., *je faillirai, je faillirais*; au part. prés., *faillant*; et au part. passé, *failli*.

Fleurir. N'est irrégulier que parce qu'il a deux participes présents : *fleurissant*, qui veut dire être en fleur; *florissant*, qui veut dire prospérer. *Les arts et les sciences florissaient en France sous Louis XIV*; pour *prospéraient*.

Fuir.	N'est irrégulier qu'au part. prés., il fait : *fuyant.*
Gésir.	N'est usité qu'aux temps et aux personnes suivantes : Indic. prés., *il gît, nous gisons, ils gisent ;* imparf., *il gisait, ils gisaient ;* part. prés., *gisant.*
Mentir.	Ind. prés.: *je mens, tu mens, il ment ;* parf. déf., *je mentis ;* participe prés., *mentant ;* part. passé, *menti.*
Ouïr.	Usité seulement aux temps suivants : parfait déf., *j'ouïs ;* aux temps composés, *j'ai ouï,* etc.; au subj. prés., *que j'ouïsse ;* au part. passé, *ouï, ouïe.*
Ouvrir.	Ind. prés., *j'ouvre, tu ouvres, il ouvre ;* parf. déf., *j'ouvris ;* part. prés., *ouvrant ;* part. passé, *ouvert.*
Partir.	Ind. prés., *je pars, tu pars, il part ;* parf. déf., *je partis ;* part. prés., *partant ;* part. passé, *parti.*
Saillir.	Ne s'emploie qu'à l'inf. prés. et à la 3e per. des temps suivants : ind. prés., *il saille ;* imparf., *il saillait ;* futur, *il saillera ;* cond., *il saillerait ;* subj. prés., *que je saille ;* imp., *qu'il saillît.* REMARQUE. — Il ne faut pas confondre ce verbe avec le verbe actif, *saillir ;* qui se dit des liquides et qui n'est point irrégulier.
Servir.	Ind. prés., *je sers ;* parf. déf., *je servis ;* part. prés., *servant ;* part. passé, *servi.*
Sentir.	Comme mentir.
Sortir.	Ind. pré., *je sors ;* parf. déf., *je sortis ;* part. prés., *sortant ;* part. passé, *sorti.*
Souffrir.	Ind. prés., *je souffre ;* le reste comme ouvrir.
Tenir.	Ind. prés. *je tiens, tu tiens, il tient, nous tenons, vous tenez, ils tiennent ;* Parf. déf., *je tins ;* futur, *je tiendrai ;* subj. prés., *que je tienne ;* imparf., *que je tinsse ;* part. prés., *tenant ;* part. passé *tenu.*
Tressaillir.	Ind. prés., *je tressaille ;* parf. déf. *je tressaillis ;* part. prés., *tressaillant ;* part. passé, *tressailli.*

Venir.   Ind. prés., *je viens, tu viens, il vient;* le reste comme tenir.

Vêtir.   Ind. prés., *je vets, tu vets, il vet, nous vêtons, vous vêtez, ils vêtent;* parf. déf., *je vêtis;* part. prés., *vêtant;* part. passé, *vêtu.*

3.ᵉ CONJUGAISON.

Apparoir.   N'est usité qu'à l'infinitif et à la 3.ᵉ pers. sing. du présent de l'ind., *il appert.*

Asseoir (s').   Ind. prés., *je m'assieds, tu t'assieds, il s'assied, nous nous asseyons, vous vous asseyez, ils s'asseient;* parf. déf., *je m'assis;* futur, *je m'assiérai* ou *je m'asseierai;* part. prés., *s'asseyant;* part. passé, *assis.*

Choir.   N'est usité qu'à l'inf. prés., et au part. passé, *chu.*

Déchoir.   Ind. prés., *je déchois, tu déchois, il déchoit, nous déchoyons; vous déchoyez, ils déchoient;* parf. déf., *je déchus;* futur, *je décherrai;* point de part. prés.; subj. prés., *que je déchoie, que nous déchoyions;* participe passé, *déchu.*

Devoir.   Ind. prés., *je dois, tu dois, il doit;* parf. déf., *je dus;* subj. prés., *que je doive;* part. prés., *devant;* part. passé, *dû.*

Échoir.   N'est usité qu'aux temps et aux personnes qui suivent : ind. présent, *il échoit;* parf. déf., *il échut;* futur, *il écherra;* cond. prés., *il écherrait;* subj. prés., *il échée, qu'ils échéent;* imp., *qu'ils échussent;* part. présent, *échéant;* part. passé, *échu.*

Entrevoir.   Comme voir.

Falloir.   Ind. prés., *il faut;* parf. déf., *il fallut;* futur, *il faudra;* subj. présent, *qu'il faille;* point de part. présent; part. passé, *fallu.*

Messeoir.   Comme seoir.

Mouvoir.   Ind. prés., *je meus, tu meus, il meut;*

parf. déf., *je mus;* subj. prés., *que je meuve;* part. prés., *mouvant;* part. passé, *mu.*

Pleuvoir. Ind. prés., *il pleut;* parf. déf., *il plut;* part. prés., *pleuvant;* part. passé, *plu.*

Pourvoir. Ind. prés., *je pourvois;* parf. déf., *jc pourvus;* part. présent, *pourvoyant;* part. passé, *pourvu.*

Pouvoir. Ind. prés., *je puis* ou *je peux, tu peux, il peut;* parf. déf., *je pus;* futur, *je pourrai;* subj. prés., *que je peuce;* part. prés., *pouvant;* part. passé, *pu.*

Prévoir. Ind. prés., *je prévois;* parf. déf., *je prévis;* futur, *je prévoirai;* part. prés., *prévoyant;* part. passé, *prévu.*

Savoir. Ind. prés., *je sais, tu sais, il sait, nous savons, vous savez, ils savent;* imp., *je savais:* parf. déf., *je sus;* futur, *je saurai;* part. prés., *sachant;* part. passé, *su.*

Seoir. Ne se dit qu'aux personnes suivantes : *il sied, ils siéent; il séyait, ils séyaient; il siéra, ils siéront; il siérait, ils siéraient; qu'il siée, qu'ils sient; séant, sis.*

Surseoir. Ind. prés., *je surseois;* parf. déf., *je sursis;* futur, *je sursoierai;* part. prés., *surseoyant;* part. passé, *sursis.*

Valoir. Ind. prés., *je vaux, tu vaux, il vaut;* parf. déf., *je valus;* futur, *je vaudrai;* subj. prés., *que je vaille;* part. prés., *valant;* part. passé *valu.*

Voir. Ind. prés., *je vois;* parf. déf., *je vis;* part. prés., *voyant;* part. passé *vu;* futur, *je verrai.*

Vouloir. Ind. prés., *je veux, tu veux, il veut;* parf. déf., *je voulus;* futur, *je voudrai;* subj. prés., *que je veuille;* part. prés., *voulant;* part. passé, *voulu.*

4.ᵉ CONJUGAISON.

Absoudre. Ind. prés., *j'absous, nous absolvons;* point de parf. déf; part. prés., *absolvant;* part. passé, *absous, absoute.*

Battre. Ind. prés., *je bats, tu bats, il bat, nous battons, vous battez, ils battent;* parf. déf., *je battis;* part. prés., *battant;* part. passé, *battu.*

Boire. Ind. prés., *je bois;* parf. déf., *je bus;* part. prés., *buvant;* part. passé, *bu.*

Braire. Ne se conjugue qu'aux temps et aux personnes qui suivent: Ind. prés., *il brait, ils braient;* futur, *il braira, ils brairont;* cond. prés., *il brairait, ils brairaient.*

Bruire. N'est usité qu'à l'inf. prés., aux 2.ᵉ, 3.ᵉ personnes de l'imparf., *il bruyait, ils bruyaient;* et au part. prés., *bruyant.*

Circoncire. Ind. prés., *je circoncis, nous circoncisons;* point d'imp.; parf. déf., *je circoncis;* subj. prés., *que je circoncise;* point d'imp. ni de part. prés.; part. passé, *circoncis.*

Clore. N'est usité qu'aux trois pers. sing. du prés. de l'ind., *je clos, tu clos, il clot;* au futur, *je clorai;* au cond. prés., *je clorais;* à l'impératif, *clos;* sans pluriel au part. passé, *close;* il se conjugue aussi dans tous les temps composés.

Conclure. Ind. prés., *je conclus;* parf. déf., *je conclus;* part. prés., *concluant;* part. passé, *conclu.*

Confire. Ind. prés., *je confis;* part. déf., *je confis;* part. prés., *confisant;* part. passé, *confit.*

Connaître. Ind. prés., *je connais;* parf. déf., *je connus;* part. prés., *connaissant;* part. passé, *connu.*

Coudre. Ind. prés., *je couds, nous cousons;* parf. déf., *je cousis;* futur, *je coudrai;* part. pr., *cousant;* part. passé, *cousu.*

Craindre. Ind. prés., *je crains, nous craignons;* parf. déf., *je craignis;* futur, *je craindrai;* part. prés., *craignant;* part. passé, *craint.*

Croire. Ind. présent, *je crois, nous croyons;* parf. déf., *je crus;* part. prés., *croyant;* part. passé, *cru.*

Croître.	Ind. prés., *je crois, nous croissons;* parf. déf., *je crus;* part. prés., *croissant;* part. passé, *crû.*
Dissoudre.	Comme absoudre.
Dire.	Ind. prés., *je dis;* parf. déf., *je dis;* part. prés., *disant;* part. passé, *dit.*
Eclore.	Ne se conjugue qu'aux temps et aux personnes suivantes : Ind. prés., *il éclot, ils éclosent;* futur, *il éclora, ils écloront;* subj. présent, *qu'il éclose, qu'ils éclosent;* part. passé, *éclos;* il se conjugue aussi aux 3.es personnes des temps composés.
Ecrire.	Ind. prés., *j'écris;* parf. déf., *j'écrivis;* part. prés., *écrivant;* part. passé, *écrit.*
Exclure.	Ind. prés., *j'exclue;* parf. déf., *j'exclus;* part. prés., *excluant;* part. pas., *exclu.*
Faire.	Ind. prés., *je fais, tu fais, il fait, nous faisons, vous faites, ils font.;* parf. déf., *je fis;* futur, *je ferai;* subj. prés., *que je fasse;* part. pré., *faisant;* part. passé, *fait.*
Joindre.	Ind. prés., *je joins, nous joignons;* parf. déf., *je joignis;* futur, *je joindrai;* part. prés., *joignant;* part. pas., *joint.*
Lire.	Ind. prés., *je lis;* parf. déf., *je lus;* part. prés., *lisant;* part. passé, *lu.*
Luire.	Ind. prés., *je luis;* point de parf. déf.; part. prés., *luisant;* part. passé, *lui.*
Maudire.	Ind. prés., *je maudis;* parf. déf., *je maudis;* part. prés., *maudissant;* part. passé, *maudit.*
Mettre.	Ind. prés., *je mets, tu mets, il met, nous mettons;* parf. déf., *je mis;* part. prés., *mettant;* part. passé, *mis.*
Moudre.	Ind. prés., *je mouds, nous moulons;* parf. déf., *je moulus;* futur, *je moudrai;* subj. prés., *que je moule;* part. prés., *moulant;* part. passé, *moulu.*
Naître.	Ind. prés., *je nais, nous naissons;* parf. déf., *je naquis;* part. prés., *naissant;* part. passé, *né.*

6*

Nuire.   Ind. prés., *je nuis;* parf. déf.,*je nuisis;* part. prés., *nuisant;* part. passé, *nui.*

Peindre.   Comme joindre.

Plaindre.   *Idem.*

Prendre.   Ind. prés., *je prends, nous prenons;* parf. déf., *je pris;* part. prés., *prenant;* part. passé, *pris.*

Réduire.   Ind. prés., *je réduis;* parf. déf., *je réduisis;* part. prés., *réduisant;* part. passé, *réduit.*

Répondre.   Ind. prés., *je réponds;* parf. déf. *je répondis;* part. prés., *répondant;* part. passé, *répondu.*

Résoudre.   Ind. prés., *je résous, nous résolvons,* parf. déf., *je résolus;* part. prés., *résolvant;* part. passé, *résolu.*

REMARQUE. — Lorsque ce verbe signifie *réduire;* il n'a pas de parfait déf., il fait au part. passé, *résout.*

Rire.   Ind. prés., *je ris;* parf. déf., *je ris;* part. prés., *riant;* part. passé, *ri.*

Rompre.   Ind. prés., *je romps;* parf. déf.,*je rompis;* part. prés., *rompant;* part. passé, *rompu.*

Suffire.   Ind. prés.,*je suffis;* parf. déf.,*je suffis;* part. prés., *suffisant;* part. passé, *suffi.*

Suivre.   Ind. prés.,*je suis, nous suivons;* parf. déf., *je suivis;* part. prés., *suivant;* part. passé, *suivi.*

Traire.   Ind. prés.,*je trais, nous trayons;* point de parf. déf.; part. prés., *trayant;* part. passé, *trait.*

Vaincre.   Ind. prés., *je vaincs;* parf. déf., *je vainquis;* futur,*je vaincrai;* part. pré., *vainquant;* part. passé, *vaincu.*

Vivre.   Ind. prés.,*je vis;* parf. déf., *je vécus;* par. prés., *vivant;* part. passé, *vécu.*

Modèle d'analyse.

DICTÉE.

Neptune ne pouvait supporter plus long-temps que Télémaque eût échappé à la tempête qui l'avait jeté contre les rochers.

ANALYSE.

Neptune — nom propre, m. s., sujet du verbe pouvoir; car qui est-ce qui ne pouvait supporter plus long-temps? Rép. Neptune.

ne — adverbe de négation.

pouvait — verbe actif; parce que le sujet fait l'action; au mode de l'indicatif, parce que l'action est affirmé; à l'imparfait, l'action étant passée; à la 3.ᵉ pers. sing., son sujet étant de la 3.ᵉ pers. sing.

supporter — verbe actif, au mode de l'infinitif, étant pris substantivement, comme régime direct du verbe pouvoir.

plus long-temps — adverbe de temps.

que — conjonction liant deux phrases.

Télémaque — nom propre, m. s., sujet du verbe échapper; car qui est-ce qui a échappé à la tempête? Rép. Télémaque.

eût échappé — verbe actif intransitif, l'action ne pouvant se transmettre directement; au mode du subjonctif, l'action n'étant pas affirmée par le verbe pouvoir; au plus-que-parfait l'action étant passée à la 3.ᵉ pers. du sing., son sujet étant de la 3.ᵉ pers. sing.

à — préposition marquant un rapport entre échappé et tempête.

la — art. f. s., indiquant que tempête est pris dans un sens déterminé.

tempête — nom commun f. s., régime de la préposition à et régime indirect du verbe eût échappé.

qui — pronom relatif ayant pour antécédent tempête, qu'il représente comme sujet du verbe jeter; car qui est-ce qui l'avait jeté contre les rochers? Rép. : qui, mis pour la tempête.

l' — mis pour le, pronom pers. 3.ᵉ pers. sing. représentant Télémaque, comme régime direct du verbe jeter; car la tempête avait jeté qui? Rép. : l', mis pour Télémaque.

avait jeté — verbe actif parce que le sujet fait l'action; au mode de l'ind. l'action étant

	affirmée; au plus-que-parfait l'action étant passée; à la 3.ᵉ personne du sing. son sujet étant à la 3.ᵉ pers. sing.
contre	préposition marquant un rapport entre jeté et rochers.
les	art. m. pl. indiquant que rochers est pris dans un sens déterminé.
rochers.	nom commun m. pl. régime de la préposition contre et régime indirect du verbe jeter.

FORMATION DES ADVERBES DE MANIÈRE.

D. *Quel est la terminaison des adverbes de manière?*

R. Les adverbes de manière sont tous terminés en *ment*.

D. *D'où se forment les adverbes de manière?*

R. Ils se forment des adjectifs; EX.: *sage, sagement*, etc.

D. *Lorsque l'adjectif est terminé par une voyelle, comment se forme l'adverbe?*

R. Lorsque l'adjectif masculin est terminé par une voyelle, on forme l'adverbe en ajoutant à cet adjectif la terminaison *ment*; EX.: *agréable-agréablement; — poli-poliment; — aisé-aisément; — ingénu-ingénument.*

Excepté: *commode, incommode, conforme, uniforme, énorme, opiniâtre, aveugle*, qui changent l'*e* muet en *é* fermé, avant d'ajouter *ment*: *commodément, conformément, énormément*, etc.

Impuni fait *impunément.*

D. *Lorsque l'adjectif masculin est terminé par une consonne, comment forme-t-on l'adverbe?*

R. On met d'abord l'adjectif au féminin et ensuite on y ajoute la terminaison *ment*, EX.: *doux, douce, doucement; heureux, heureuse, heureusement.*

Les adjectifs *beau*, *nouveau*, *fou* et *mou* ; suivent la même règle : *belle-bellement ; nouvelle-nouvellement*, etc.

Excepté : *commun*, *profond*, *importun*, *obscur*, *exprès*, *confus*, *diffus*, *précis*, qui changent l'*e* muet en *é* fermé ; EX. : *commun*, *commune*, *communément* ; *profond*, *profonde*, *profondément*, etc.

Gentil fait *gentiment*.

D. *Comment forme-t-on l'adverbe des adjectifs terminés au masculin par* ent ; ant ?

R. Les adjectifs terminés par *ent* et *ant* changent *nt* en *mment* pour former l'adverbe ; EX. : *savant*, *savamment* ; *prudent*, *prudemment*.

Excepté : *lent*, *présent*, *véhément*, qui font *lentement*, *présentement*, *véhémentement*.

OBSERVATIONS

SUR LA DEUXIÈME PARTIE.

———

De l'Orthographe des mots.

D. *Qu'est-ce que l'orthographe ?*

R. C'est l'art d'écrire correctement tous les mots d'une langue.

D. *N'a-t-on pas fait quelques remarques qui facilitent la connaissance de l'orthographe des mots ?*

R. L'usage en a fait connaître plusieurs ; voici celles qui ont le moins d'exceptions :

1.º Un grand nombre de mots ayant donné naissances à d'autres, ceux-ci ont dû nécessairement prendre une partie de l'orthographe de leurs radicaux ; c'est ainsi que

de plomb. . . . on a fait . . . plomber.
de parfum. . . — — . . . parfumer.
de gant. . . . . — — . . . gantier.
de toit. . . . . — — . . . toiture.
de barbe. . . — — . . . barbier, etc.

2.º Tous les mots dont la seconde lettre est un *f* doublent le *f* ; excepté *afin*, *Afrique*, *efeuiller*, *efourceau*.

3.º Ceux qui commencent par *déf* ne prennent qu'un *f*, *défendre*, *défaire*.

4.º Ceux qui commencent par *dif* en prennent deux : *difficile*, *différer*.

5.º Dans le corps des mots les voyelles nazales *an*, *en*, *in*, *on*, prennent un *m* devant un *b* ou un *p* : *ambition*, *empire*, *impérieux*, *triomphe* ; excepté : *bonbon* et *embonpoint*.

DU GENRE DE QUELQUES NOMS.

D. *N'avons-nous pas quelques noms qui, selon le sens dans lesquels on les emploie, sont masculins ou féminins ?*

R. Nous en avons un assez grand nombre ; voici les principaux :

Aigle est	masc.	quand il désigne l'oiseau de proie qui porte ce nom ; EX. : *L'aigle est le roi des oiseaux.*
	fém.	quand il est pris dans le sens d'enseigne ; EX. : *Les aigles françaises, les aigles romaines.*
Amour est	masc.	au singulier : *un amour violent.*
	fém.	au pluriel : *de folles amours.*
Couple est	masc.	quand il désigne le mâle et la femelle réunies ; EX. : *un couple de tourterelles, un couple de perdrix.*
	fém.	quand il signifie le nombre deux seulement ; EX. : *une couple d'œufs, une couple de chiens.*
Délice et orgue sont	masc.	au singulier.
	fém.	au pluriel.
Enfant est	masc.	en parlant d'un garçon.
	fém.	en parlant d'une fille.
Exemple est		toujours masculin, excepté quand il signifie un modèle d'écriture.
Foudre est	masc.	quand il est pris au figuré, on dit : *un foudre de guerre, un foudre d'éloquence,* pour un grand guerrier, un grand orateur.
	fém.	quand il est employé au propre : *La foudre a fracassé un arbre.*

Hymne est { masc. excepté quand il signifie les hymnes qu'on chante à l'église.

Personne est { masc. quand il est pronom indéfini : *Personne n'est venu.*
fém. quand il est nom commun ; dans ce cas il est toujours précédé d'un déterminatif.

Gens veut l'adjectif qui le précède au féminin, et celui qui le suit au masculin ; EX. : *de bonnes gens, des gens maniérés.*
REMARQUE. — L'adjectif *tout* placé immédiatement devant le mot gens s'écrit au masculin pluriel ; EX. : *Tous les gens de bien.* Il s'écrirait encore au masc. pl. s'il n'était séparé de gens que par un adjectif ayant la même terminaison pour les deux genres ; EX. : *Tous les honnêtes gens.*

Orge est { masc. quand il est en grain.
fém. quand il est en herbe.

Vase est { masc. quand il signifie un ustensile de ménage.
fém. quand on veut désigner une espèce de boue qui se trouve au fond des rivières.

Automne est { masc. quand il est précédé d'un adjectif : *un bel automne.*
fém. quand il en est suivi : *une automne pluvieuse.*
Cependant lorsque l'adjectif est séparé d'automne par un mot, il reste au masculin : EX. : *un automne bien sec.*

Période est	masc.	signifiant un laps de temps : *le premier période de sa maladie.*
	fém.	quand il signifie une phrase composée de plusieurs membres expliqués par le dernier.
Voile est	masc.	quand il signifie une étoffe dont on se couvre : *Le voile de cette dame est blanc.*
	fém.	quand il signifie une pièce de toile propre à recevoir les vents : *La voile du vaissseau fut enflée par une brise légère.*
Office est	masc.	signifiant devoir, secours: *un bon office.*
	fém.	quand on veut désigner le lieu où se préparent les mets d'un repas.
Enseigne est	masc.	quand il signifie l'officier qui porte le drapeau.
	fém.	signifiant un tableau qu'on met au-dessus des boutiques.

NOMS UNIS PAR UNE PRÉPOSITION.

D. *Lorsque deux noms sont unis par une préposition, dans quel cas doit-on mettre le second au singulier, dans quel cas doit-on le mettre au pluriel?*

R. On mettra le second nom au singulier, quand on ne pourra pas compter les objets qu'il exprime, et, au contraire, il prendra la marque du pluriel quand on pourra les compter; ex. : *un sac de blé,* — *des lits de plume.* Blé et plume au singulier ne pouvant se compter. *Une paire de gants,* — *un paquet de plumes;* gants et plumes au pluriel, parce qu'on peut les compter.

FIN DE LA DEUXIÈME PARTIE.

TROISIÈME PARTIE.

—

SYNTAXE D'ACCORD.

D. *Qu'est-ce que la syntaxe d'accord ?*

R. La syntaxe d'accord est la partie de la grammaire qui indique les rapports que les mots ont entre eux, quant à l'orthographe.

ACCORD DE L'ADJECTIF.

D. *Rappelez la règle d'accord de l'adjectif?*

R. L'adjectif s'accorde en genre et en nombre avec le nom qu'il qualifie : *un ouvrier laborieux, une femme vertueuse, des hommes spirituels.*

D. *Si l'adjectif qualifiait deux noms singuliers, à quel nombre faudrait-il le mettre?*

R. Au pluriel, parce que deux singuliers valent un pluriel; EX.: *mon oncle et mon père sont discrets.*

D. *Si les deux noms qualifiés étaient de différens genres, à quel genre faut-il mettre l'adjectif?*

R. Au masculin: *mon père et ma mère sont aimables.* Mais si l'adjectif avait une terminaison propre pour marquer le féminin, on devrait rapprocher le nom masculin de l'adjectif; EX.: *Le peuple a toujours les oreilles et les yeux* OUVERTS *pour surprendre les défauts des grands ;* et non *les yeux et les oreilles ouverts ,* etc.

D. *Si les noms qualifiés sont séparés par* ou *, avec quel nom doit-on faire accorder l'adjectif?*

R. Avec le dernier : *Les Samoyèdes vivent de chair ou de poissons crus.*

D. *Lorsque les noms ont à peu près la même signification, ou sont placés par gradation , comment s'accorde l'adjectif?*

R. L'adjectif, dans ces deux cas, s'accorde avec le dernier nom. EX. : *On trouve dans les fables de Lafontaine une ingénuité, une naïveté admirable.*

D. *Lorsqu'un adjectif est joint à un autre adjectif pour le modifier, comment s'accordent ces adjectifs?*

R. Ils restent tous deux invariables ; EX. : *des étoffes rose-clair, des rubans vert-tendre , des cheveux chatain-foncé.*

D. *Dans quel cas les adjectifs* nu, demi, feu, *sont-ils variables ; dans quel cas sont-ils invariables?*

R. *Nu* est invariable placé avant le nom qu'il qualifie : *nu-tête, nu-pieds ;* excepté dans *la nue-propriété ;* il est variable placé après : *pied-nus, tête-nue*

Demi est aussi invariable précédant le nom : *une demi-bourse, une demi-heure ,* il ne varie qu'en genre quand il est après : *deux heures et demie.*

Feu , placé entre le déterminatif et le nom est variable : *la feue reine, ma feue tante ;* placé avant le déterminatif il est invariable : *feu ma mère, feu la reine.*

D. *Dans quel cas les adjectifs verbaux* supposé, attendu, vu , excepté *sont-ils invariables, dans quel cas sont-ils variables?*

R. Ils sont invariables quand ils sont placés avant les noms, parce qu'alors ils sont regardés comme des prépopositions ; EX. : *il fut exempt attendu son âge.* —*Toute la famille est occupée, excepte ma mère.*

— *Vu les articles* 8 *et* 9 , etc. Ils varient quand ils sont après: *Tout le monde travaille, ma mère exceptée.*

D. *Dans quel cas* ci-joint *et* ci-inclus *s'accordent-ils ; dans quel cas ne s'accordent-ils pas ?*

R. Lorsque les mots *ci-joint* et *ci-inclus* précédent un nom pris dans un sens indéterminé, ils sont invariables; EX.: *Vous trouverez ci-joint copie de ma lettre ;* et ils sont variables si le nom qui les suit est pris dans un sens déterminé; EX. : *Vous trouverez ci-jointes, ci-incluses, les pièces relatives à la succession de votre oncle.*

DES ADJECTIFS NUMÉRAUX.

D. *Y a-t-il quelques remarques à faire sur les adjectifs numéraux ?*

R. Oui ; les adjectifs numéraux, quoiqu'invariables, offrent quelques exceptions.

D. *Quels sont les adjectifs numéraux qui varient ?*

R. Ce sont les adjectifs : *un, vingt, cent, mille, million et milliard.*

D. *Donnez la syntaxe de* un ?

R. Un fait au féminin une: *un cheval, une poule ;* il ne varie qu'en genre.

D *Dans quel cas* vingt *et* cent *prennent-ils la marque du pluriel?*

R. C'est lorsqu'ils sont précédés et non suivis d'un adjectif numéral qui les multiplie ; comme dans *quatre-vingts, — quatre-vingts hommes, — l'hospice des Quinze-Vingts , — quatre cents francs, — trois cents soldats ?*

D. *Dans quel cas les adjectifs* vingt *et* cent *ne prennent-ils pas la marque du pluriel?*

R. C'est lorsqu'ils sont suivis d'un adjectif numéral, ou dans la date des années; parce que dans ce dernier cas, ils sont adjectifs ordinaux; EX. : *deux*

7*

*cent trente francs, — quatre-vingt-dix chevaux,
— l'an dix-huit cent vingt, — l'an huit cent de
l'ère chrétienne.*

D. *Donnez la syntaxe du mot* mille ?

R. *Mille,* adjectif numéral, est toujours invariable : *six mille hommes, trois mille francs.*

Mille, mesure de longueur, est nom commun, et comme tel il prend la marque du pluriel : *nous avons fait cinq milles à l'heure.*

Mil, adjectif ordinal, s'écrit toujours *mil,* et ne prend pas la marque du pluriel : *l'an mil huit cent quarante-deux.*

D. *Quelle est la syntaxe de* million *et* milliard ?

R. Les adjectifs numéraux *million* et *milliard* prennent la marque du pluriel, sans doute parce qu'ils sont regardés comme des noms communs ; EX. : *La France a dépensé plusieurs milliards. — Trois millions cinq cent mille francs.*

QUELQUE. — TOUT. — MÊME.

D. *De combien de manières peut-on écrire le mot quelque ?*

R. Il s'orthographie de trois manières :

1.° *Quelque,* s'écrit en un seul mot et reste invariable, étant adverbe, toutes les fois qu'il est séparé de *que,* par un qualificatif, seul : EX. : QUELQUE *grands* QUE *soient vos efforts.*

2.° *Quelque* est adjectif indéfini, et s'écrit encore en un seul mot, toutes les fois qu'entre *quelque* et *que,* il y a un nom seul ou accompagné d'un adjectif ; dans ce cas *quelque* s'accorde avec le nom ; EX. : QUELQUES *efforts* QUE *nous fassions.—* QUELQUES *bons amis* QUE *vous ayez.*

3.° *Quel que* s'écrit en deux mots lorsqu'il est suivi d'un verbe, et c'est alors le mot *quel,* qui étant adjectif, s'accorde avec le nom qui suit le verbe. EX. : QUELLE QUE *soit votre fortune.*

D. *L'adjectif* tout *n'est-il pas quelquefois adverbe?*

R. Oui; *tout* est adverbe toutes les fois qu'il est suivi d'un adjectif, d'un participe ou d'un adverbe, et comme adverbe il est invariable; ex. : *Votre fille est tout aimable. — La rivière coule tout doucement.* Cependant quand *tout* précède un adjectif féminin commençant par une consonne ou un *h* aspiré, il s'accorde quoiqu'adverbe; ex. : *La vertu toute belle qu'elle est. — Toutes belles que sont ces maisons.*

D. *Quand doit-on faire accorder le mot* même; *quand ne doit-on pas le faire accorder?*

R. *Même*, précédant un nom ou joint à un pronom personnel s'accorde toujours avec ce pronom : *les mêmes leçons, eux-mêmes, elles-mêmes.*

Même placé après un seul nom pluriel s'accorde avec ce nom; ex. : *Les enfants mêmes aiment l'argent.*

Même est invariable quand il est placé après plusieurs noms; ex. : *Les hommes, les animaux, les plantes même,* etc.

Il est encore invariable quand il modifie un verbe, un adjectif ou tout autre qualificatif : *Les hommes médisants n'épargnent pas même leurs amis.*

Modèle d'analyse.

DICTÉE.

Le roi et le berger sont égaux après la mort. — Vous trouverez le père ou les fils coupables. — Saint Louis porta la couronne d'épines nu-pieds et tête-nue. — On lui a tout pris, excepté la vie. — Je lui ai remis quatre-vingts francs pour vous. — Un bataillon de cinq cents hommes. — Les Bourbons rentrèrent en France en mil huit cent quatorze. — Quelque adroitement que les choses se soient faites.—Quelques vains lauriers que promette la guerre.—Quelles que soient vos vues sur lui.—Tout pervertis que soient les hommes, ils craignent Dieu. — La Grèce toute polie et toute sage qu'elle était. — Les Romains n'ont vaincu les Grecs que par les Grecs mêmes.

ANALYSE.

égaux	adj. m. pl. qualifiant deux noms singuliers.
coupables	s'accorde avec fils, ce mot étant séparé par *ou* du mot père.
nu	est invariable précédant le nom.
nue	est variable étant placé après le nom *tête*.
excepté	invariable étant placé avant le nom.
quatre-vingts	prend la marque du pluriel, étant précédé d'un adjectif numéral qui le multiplie, et n'en étant pas suivi.
mil	adjectif ordinal est toujours invariable.
quelque	étant séparé de que par l'adverbe adroitement, est invariable.
quelques	étant séparé de que par un adjectif et un nom, est adjectif indéf. et s'accorde avec le nom.
quelles que	étant ici suivi d'un verbe s'écrit en deux mots, et c'est le mot *quelles* qui s'accorde avec le nom qui suit le verbe.
tout	est adverbe étant suivi de l'adj. pervertis.
toute	adverbe, s'accorde avec l'adjectif polie, qui commence par une consonne.
mêmes	n'étant précédé que d'un seul nom, s'accorde avec ce nom.

ACCORD DES PRONOMS.

D. *Avec quoi s'accorde le pronom?*

R. Le pronom s'accorde en genre, en nombre et en personne avec le nom dont il tient la place.

D. *Si le pronom remplace plusieurs noms à quel genre et à quel nombre faut-il le mettre?*

R. On doit, dans ce cas, suivre les mêmes règles que pour l'adjectif.

D. *Dans quel cas le pronom* le *est-il variable; dans quel cas est-il invariable?*

R. Le pronom *le* est variable lorsqu'il a rapport à un nom; EX.: *Madame, êtes-vous la nièce de monsieur? — Je la suis. — Etes-vous la mère de cet enfant? — Je la suis.* Le pronom *le* varie, parce qu'il tient la place des noms *nièce* et *mère*. Mais si le pronom *le* a rapport à un adjectif ou à une phrase entière, il est invariable ; EX. : *Madame, êtes-vous indisposée ? Je* LE *suis*, pour je suis indisposée. *Nous sommes vos amis et nous vous* LE *prouverons,* pour nous vous prouverons que nous sommes vos amis. *Etes-vous reine ? — Je* LE *suis ;* pour je suis *reine*, *reine* étant pris ici adjectivement.

Modèle d'analyse.

DICTÉE.

J'ai rencontré Auguste et Felicie, *ils* allaient voir leur tante. — Messieurs, êtes-vous les députés de ce département? Nous *les* sommes. — Madame, êtes-vous malade? Je *le* suis. — Etes-vous mère ? Je *le* suis.

ANALYSE.

ils   est au masc. pl. représentant deux noms sing. de différents genres.

les   pron. m. p. variable représentant un nom.

le   pron. invariable représentant un adjectif.

le   pronom invariable représentant un nom pris adjectivement.

ACCORD DU VERBE.

D. *A quel nombre et à quel personne doit-on mettre le verbe?*

R. Au même nombre et à la même personne que le mot qui lui sert de sujet.

D. *Lorsque le verbe a plusieurs sujets singuliers, unis par la conjonction* et *, à quel nombre se met-il?*

R. Il se met au pluriel ; EX. : *La grâce et la vertu* CORRIGENT *la nature.*

D. *Lorsque le verbe a ses sujets séparés par* ou *, avec lequel doit-il s'accorder?*

R. Avec le dernier : *Que l'orgueil ou la bassesse ne* CORROMPE *jamais votre cœur.*

82 SYNTAXE D'ACCORD.

D. *Quand le verbe a plusieurs sujets non séparés par* ou *, dans quel cas le verbe doit-il s'accorder en nombre avec tous les sujets ; dans quel cas ne doit-il s'accorder qu'avec le dernier ?*

R. Le verbe doit s'accorder avec tous les sujets quand ils prennent unanimement part à l'action ; EX. : *L'ambition, l'amour, l'avarice, la haine,* TRAINENT *comme un forçat notre esprit à la chaîne.* Mais le verbe ne doit s'accorder qu'avec le dernier sujet s'ils agissent séparément sur le verbe, ou si le dernier renferme en lui l'expression de tous les autres. EX. : *Son courage, son intrépidité,* ÉTONNE *les plus braves. — Un songe, un rien, tout lui* FAIT *peur.*

D. *Quand deux sujets singuliers sont liés par* ni*, dans quel cas le verbe reste-t-il au singulier ; dans quel cas prend-il la marque du pluriel ?*

R. Le verbe se met au singulier, quand un des deux sujets peut seul faire l'action exprimée par le verbe, et il se met au pluriel quand les deux sujets prennent part à l'action ; EX. : *Ni Pierre ni Paul* N'EST *l'auteur de cet ouvrage ; ni l'un ni l'autre ne* SERAIENT *capables de l'être.*

D. *Lorsque les sujets sont liés par une des conjonctions* de même que, combien que, comme, non plus que, plutôt que, ainsi que, *etc., ou tout autre terme de comparaison, quelle est la règle d'accord du verbe ?*

R. Le verbe, dans ce cas, s'accorde avec le premier des sujets, et non avec le régime de la comparaison ; EX. : *Cette bataille, comme tant d'autres, fut gagnée par les Français.*

D. *Lorsque le verbe a deux sujets unis par* non-seulement, mais encore*, avec lequel des deux sujets s'accorde-t-il ?*

R. Avec celui après lequel il s'est exprimé ; EX. : *Non-seulement nos paroles, mais encore notre maintien décelait la crainte.*

D. *Lorsque le verbe a pour sujet un collectif, dans quel cas doit-on faire accorder le verbe avec le collectif ; dans quel cas doit-on le faire accorder avec le régime du collectif ?*

R. Le verbe s'accorde avec le collectif s'il est général, et avec le régime du collectif s'il est partitif ; EX. : *La foule des envieux* GROSSIT *à mesure que le mérite augmente.* — *Une infinité de canaux* ARROSENT *l'Egypte.*

D. *Le pronom* ce, *sujet du verbe être, pris impersonnellement, veut-il toujours ce verbe à la* 3.° *personne du singulier ?*

R. Non ; lorsque le verbe être précédé de *ce* est suivi d'une troisième personne plurielle, le verbe prend la marque du pluriel ; ainsi l'on dit avec le verbe être au singulier : *c'est vous, c'est nous ; c'est Pierre et Paul,* parce que le verbe être n'est pas suivi d'une troisième personne plurielle. Mais on écrit avec accord : *Ce* SONT *des citoyens paisibles ; ce* SONT *eux ; ce* SONT *elles,* etc., parce que le verbe être est suivi d'une 3.° pers. plurielle.

D. *Lorsque le* que *relatif a pour antécédent* un *ou* une, *suivi d'un nom ou d'un pronom pluriel, est-ce avec* un *ou* une, *ou bien avec le nom ou le pronom pluriel que le pronom s'accorde ?*

R. Le verbe se met au singulier si l'action est faite par le nom sous-entendu après *un* ou *une,* et au pluriel si l'action est faite par le nom ou le pronom exprimé après un ou une. EX. : *C'est un de mes enfans qui vient de sortir. Vient* au singulier, l'action étant faite par le mot enfant sous-entendu après un. *Ce lion est un de ceux qui ont été pris à Alger ; ont* au pluriel, l'action étant soufferte par *ceux* représentant plusieurs lions.

Modèle d'analyse.

DICTÉE.

Charlemagne et Napoléon furent tout à la fois conquérants et législateurs. — Félix ou Clément *ira* à Paris étudier la médecine. — La Seine, la Loire, la Gironde, le

Rhône sont les fleuves qui arrosent la France. —Hommes, femmes, vieillards, tout *était* descendu. — Ni l'un, ni l'autre *n'est* mon père. — Ni l'or ni la grandeur ne nous *rendent* heureux. — La vertu de même que le savoir *a* son prix. — Non-seulement les soldats, mais encore le général *fut* pris. — L'armée des infidèles *fut* entièrement détruite. — Un nombre infini d'oiseaux *faisaient* résonner ces bocages de leurs doux chants. — *C'est* Rémus et Romulus qui ont fondé Rome. — Ce *sont* les faux amis qu'il faut craindre. — C'est un de mes procès qui m'a ruiné. — Trajan est un des plus grands princes qui aient régné.

ANALYSE.

furent	est au pluriel, parce qu'il a pour sujets deux noms singuliers unis par *et*.
ira	au sing. s'accordant avec le dernier des noms séparés par *ou*.
sont	au pluriel, tous les sujets prenant part à l'action.
était	au sing. s'accordant avec tout, qui renferme en lui tous les autres sujets.
n'est	au sing. un seul pouvant être mon père.
rendent	au pluriel les deux sujets prenant part à l'action.
a	au sing. s'accorde avec vertu et non avec le régime du comparatif.
fut	au sing. s'accordant avec général après lequel il est exprimé.
faisaient	au pl. s'accorde avec oiseaux, le collectif étant partitif.
c'est	au sing. n'étant pas suivi d'une 3.e pers. pl.
ce sont	au pl. étant suivi d'une 3.e pers. plurielle.
a	au singulier, l'action étant faite par le mot procès, sous-entendu après *un*.
aient	au pluriel, l'action étant faite par le mot prince exprimé après le mot un.

ACCORD DES PARTICIPES.

D. *Combien y a-t-il de sortes de participes ?*

R. De deux sortes : le participe présent et le participe passé.

D. *Le participe présent est-il variable?*

R. Non; il est toujours invariable.

D. *Comment peut-on distinguer les adjectifs verbaux terminés par* ant*, des participes présents?*

R. Les adjectifs verbaux marquent une qualité, un état habituel du nom auquel ils sont joints; tandis que le participe présent marque une action ou un état momentané du sujet; il est d'ailleurs ordinairement accompagné d'un régime, soit direct, soit indirect.

EXEMPLES.

Adjectifs verbaux.	Participes présents.
Des hommes *insinuants*, *prévenants*, *caressants*.	Des hommes *rampant* devant les grands.
Une jeune personne *obligeante*.	Cette dame *obligeant* ses amis.
Les eaux *courantes* assainissent l'air.	Des enfants *courant* dans le jardin.
Nous avons trouvé les portraits *ressemblants*.	Ces enfants *ressemblant* à leur père seront grands et forts.

REMARQUE. — On peut encore distinguer les adjectifs verbaux des participes présents par le moyen du verbe *être*, qui peut toujours se placer devant les premiers; mais qui ne peut s'employer devant les participes présents sans changer le sens de la phrase; en effet, on peut dire: *des hommes qui sont insinuants, qui sont prévenants;* mais on ne pourrait pas dire: *des dames qui sont obligeantes ses amis.*

D. *Lorsque le participe passé est employé sans auxiliaire, avec quoi et comment s'accorde-t-il?*

R. Le participe passé employé sans auxiliaire, étant un simple adjectif, s'accorde en genre et en nombre avec le nom qu'il qualifie: *des batailles gagnées, — des villes prises*, etc.

D. *Comment s'accorde le participe passé conjugué avec être?*

R. Le participe passé conjugué avec être s'accorde toujours en genre et en nombre avec son

8

sujet ; excepté lorsque le verbe est pronominal.
EX. : *La vertu est estimée, les richesses sont re-
cherchées, les vices sont méprisés.*

D. *Quel est la règle d'accord du participe passe
conjugué avec* avoir ?

R. Le participe passé conjugué avec avoir est
invariable lorsqu'il est suivi de son régime direct,
ou lorsqu'il n'a pas de régime de cette nature ;
EX. : *Mes sœurs ont* ACHETÉ *des diamants. — Elles
ont* ÉCRIT *une lettre. — Elles ont* DORMI. *— Nous
avons* BU. Mais lorsque le participe passé est précédé de son régime direct, il en prend le genre
et le nombre EX. : *Les pommes que j'ai* CUEIL-
LIES. *— Les chevaux que tu as* VENDUS. *— La
lettre que nous avons* ÉCRITE.

D. *Quelle est la règle d'accord des participes passés des verbes pronominaux ?*

R. Les participes passés des verbes pronominaux, n'étant conjugués avec être que par euphonie, suivent la même règle que les participes passés conjugués avec *avoir*, c'est-à-dire qu'ils sont
invariables, excepté lorsqu'ils sont précédés de
leur régime direct ; EX. : *Cette dame s'est* IMPOSÉ
une tâche très-difficile.—Ces dames se sont PRO-
POSÉES *pour modèles à leurs enfants.*

Modèle d'analyse.

DICTÉE.

L'électricité produit des effets *surprenants.* — Le roi
et la reine *prévoyant* les maux qui les menaçaient quit-
tèrent la France. — *Que* de remparts *détruits !* que de
villes *forcées.* — Ces demoiselles sont très-*instruites.* —
Nous avons *reçu* mille écus. — La fraîcheur que cette
rose a *conservée.* — Ces demoiselles se sont *rencontrées*
dans la rue. — Ces deux hommes se sont *dit* des injures.

ANALYSE.

surprenants adj. verbal marquant l'état habituel d'effets.

prévoyant. part. prés. invariable, marquant une action et ayant un régime direct.

détruits partic. passé sans auxiliaire s'accorde avec remparts.

instruites partic. passé conjugué avec être, s'accorde avec le sujet demoiselles.

reçu partic. passé conjugué avec avoir, invariable étant suivi de son régime direct.

conservée partic. passé conjugué avec avoir, variable, s'accordant avec son régime direct fraîcheur qui le précède.

rencontrées partic. passé pronominal, s'accordant avec son régime direct *se*, mis pour demoiselles qui le précède.

dit partic. passé pronominal, invariable, étant suivi de son régime direct.

REMARQUES SUR LES PARTICIPES PASSÉS.

D. *Y a-t-il d'autres règles d'accord pour les participes passés que celles que nous venons de faire connaître?*

R. Non; seulement, dans certains cas, on éprouve des difficultés assez grandes pour découvrir le mot avec lequel le participe passé doit s'accorder. Voici ces difficultés :

1.º Le participe passé suivi d'un infinitif.

2.º Le participe passé ayant pour régime un *que* relatif, ou tout autre pronom représentant un régime composé.

3.º Le participe passé précédé du mot *en*.

4.º Le participe passé des verbes impersonnels.

5.º Le participe passé précédé du mot *peu*.

6.º Le participe passé précédé d'un collectif ou d'un adverbe de quantité.

7.º Les participes passés *valu*, *coûté*, *fait* (*).

(*) Le participe passé entre deux *que*, n'étant pas toujours invariable, je ne le marque pas parmi les difficultés que l'on rencontre dans les participes. En voici quelques exemples donnés

D. Comment reconnaît-on le régime direct d'un participe passé suivi d'un infinitif?

R. Le participe passé, suivi d'un infinitif, a pour régime le pronom qui le précéde, lorsque ce pronom peut faire l'action du verbe à l'infinitif; EX. : *Les dames que j'ai* ENTENDUES *chanter.* J'ai entendu *que*, mis pour les dames qui chantaient. Mais lorsque le Pronom ne fait pas l'action du verbe à l'infinitif, le participe passé reste invariable, parce qu'alors l'infinitif est le régime du participe passé; EX. : *Les pois que j'ai* VU *cueillir.* On ne peut pas dire j'ai vu *que* mis pour des pois qui cueillaient.

D. Comment reconnaît-on que les pronoms le, la, les, que, *représentent un régime composé, et comment s'accorde le participe passé?*

R. C'est lorsque ces pronoms sont mis pour une préposition et son régime comme *pendant lequel*, etc., ou pour toute une phrase. Dans ce cas le participe passé est invariable. EX. : *Les quarante années que Sémiramis a* RÉGNÉ *ont été consacrées à la gloire.* — Les quarante années *pendant lesquelles.* — *Cette dame n'est pas aussi spirituelle que je l'ai* CRU. — Que j'ai cru *qu'elle était spirituelle.*

D. Quelle remarque a-t-on faite sur le participe passé précédé du mot en *?*

R. On a remarqué que le participe passé est invariable lorsque le pronom *en* a rapport au régime direct; et qu'au contraire le participe s'accorde avec le régime direct lorsque le mot *en* a rapport à un autre mot de la phrase. EX. : *Alexandre a détruit plus de villes qu'il n'*EN *a* FONDÉ. — *Votre frère est malade, les nouvelles que j'*EN *ai* REÇUES *sont peu satisfaisantes.* Dans le premier

par M. Millot, inspecteur des écoles de ce département : *Les personnes que j'ai* PRÉVENUES *que vous viendriez.* — *Les dames que j'ai* INFORMÉES *que vous étiez arrivé.* — *Les personnes que j'ai* CONVAINCUES *que la terre tourne*, etc.

exemple, *en* est mis pour *ville*, régime direct du verbe *a fondé*. Le participe est variable dans le second exemple, *en* étant mis pour *de votre frère*, et non pour *nouvelles*, régime direct du verbe *ai reçues*.

D. *Que remarque-t-on sur le participe passé des verbes impersonnels*?

R. On remarque que le participe passé de ces verbes est toujours invariable : les verbes impersonnels ne pouvant avoir de régime direct; EX. : *Les chaleurs qu'il a fait cette année.*

D. *Quand le participe passé précédé du mot* le peu *est-il variable ; quand est-il invariable* ?

R. Lorsque *le peu* est mis pour une petite quantité, le participe passé s'accorde avec le nom qui suit le peu. EX. : *Le peu de leçons que j'ai* DONNÉES *à votre sœur.* Le participe *données* s'accorde, *le peu* étant mis pour une petite quantité, pour quelques leçons. Mais lorsque *le peu* signifie *le manque*, le participe passé est invariable; EX. : *Le peu d'éducation que vous avez reçu. Le peu* étant mis pour le manque d'éducation, pas d'accord.

D. *Lorsque le participe a pour régime un collectif, quelle est la règle d'accord* ?

R. Le participe s'accordera avec le collectif, si le collectif est général ; et avec le régime du collectif, si le collectif est partitif; EX. : *Une foule d'hommes se sont présentés. — La troupe de voleurs s'est introduite.* Dans le premier exemple, le participe s'accord avec *se* représentant hommes, le collectif étant partitif; dans le second il s'accorde avec le collectif général *troupe*.

D. *Que remarque-t-on sur les participes passés* valu, coûté, fait?

R. On remarque 1.° que *valu* est invariable lorsqu'il ne peut pas se tourner par *procuré*, parce qu'alors il n'a point de régime direct; 2.° que *coûté* est invariable lorsqu'il ne peut pas se tourner par *causé*, par la raison aussi qu'il ne peut avoir

de régime direct. ; 3.° que le participe passé *fait*
est toujours invariable quand il est suivi d'un verbe
à l'infinitif, cet infinitif étant alors le régime direct
du participe *fait*.

Modèle d'analyse.

DICTÉE.

Les journaux que j'ai *entendu* lire donnent les détails
de cet événement. — Julie dessine fort bien ; je l'ai *vue*
dessiner. — Ce magistrat a bien employé les années qu'il
a *vécu.*—Cette demoiselle n'est pas aussi instruite que je
l'avais *cru.* — Le glaive a tué bien des hommes, la langue
en a *tué* bien plus. — Votre père est bon, les services
que j'en ai *reçus* ne s'effaceront jamais de ma mémoire.
— Les gelées qu'il a *fait* au printemps ont retardé la vé-
gétation. — Le peu de personnes que j'ai *fréquentées*
m'ont perdu. — Votre maître est fort mécontent du peu
d'application que vous avez *montré.*—Il a fourni le nombre
d'exemplaires *convenu.* — Je regrette les sommes im-
menses que cette entreprise m'a *coûté.* — Qui pourrait
dire combien de larmes lui ont *coûtées* ces divisions toujours trop longues. — Les honneurs que m'a *valus* mon
habit. — La maison que j'ai fait *bâtir.*

ANALYSE.

entendu	partic. passé inv. , le pronom *que* ne pou-vant pas faire l'action du verbe à l'infinitif.
vue	partic. passé variable, parce que le pronom régime peut faire l'action du verbe à l'in-finitif.
vécu	partic. passé inv. , *que* étant mis pour pen-dant lesquelles.
cru	partic. passé inv., *l'* étant mis pour la phrase qu'elle était instruite.
tué	partic. passé inv. , le pronom *en* ayant rap-port au régime direct.
reçus	partic. passé variable, le pronom *en* n'ayant pas rapport au régime direct.
fait	partic. passé impersonnel, invariable.
fréquentées	partic. passé s'accordant avec le nom *per-sonnes*; le peu étant mis pour une petite quantité.
montré	partic. passé inv., le peu étant mis pour le manque d'application.

convenu partic. passé s'accordant avec le collectif
général le nombre, et non avec le régime
de ce collectif.

coûté partic. passé inv., ne pouvant se tourner
par *causé*.

coûtées partic. passé variable, pouvant se tourner
par causé.

valus partic. passé variable, pouvant se tourner
par procuré.

fait partic. passé inv. étant suivi d'un verbe à
l'infinitif.

OBSERVATIONS

SUR LA TROISIÈME PARTIE.

—

Le plus, le moins, le mieux.

D. *Dans quel cas l'article qui entre dans la com-*
position des adverbes le plus, le moins, le mieux,
est-il invariable; dans quel cas est-il variable?

R. L'article est invariable, 1.º lorsque les adverbes le plus, le moins, le mieux, sont joints à
un verbe; EX. : *Ce sont les artisans qui travail-*
lent LE PLUS *à la richesse d'un empire.* — *De tous*
les fruits, ce sont les cerises que j'aime LE MOINS.

2.º Quand ces adverbes sont suivis d'un adjectif
ou d'un participe marquant le plus haut degré; sans
comparaison avec d'autres objets de même espèce;
EX. : *Je ne sais par lequel de ces deux auteurs*
l'histoire a été LE MIEUX *écrite.*

L'article varie lorsque les adverbes le plus, le
moins, le mieux, suivis d'un adjectif ou d'un participe, marquent un rapport de comparaison avec
d'autres objets de même espèce; EX. : *La rose est*
la plus belle de toutes les fleurs.

Plus tôt. — Plutôt.

D. *Dans quel cas doit-on écrire* plus tôt *en deux mots, dans quel cas doit-on l'écrire en un seul?*

R. PLUS TÔT, adverbe de temps, s'écrit en deux mots quand il est l'opposé de plus tard ; EX. : *Si vous pouviez arriver plus tôt.*

PLUTÔT s'écrit en un un seul mot quand il signifie de préférence ; EX. : *Plutôt la mort que l'esclavage.*

Où. — Là.

D. *Quand doit-on mettre un accent grave sur les mots* où*,* là ?

Où, là, signifiant en cet endroit, sont adverbes et prennent l'accent grave, pour les distinguer de la conjonction *ou*, et de l'article *la.*

Parce que. — Par ce que.

D. *Quand doit-on écrire* parce que *en deux mots ; quand doit-on l'écrire en trois?*

PARCE QUE s'écrit en deux mots quand il est une conjonction composée et qu'il signifie *attendu que* ; EX. : *Je ne sors pas, parce que je suis malade.*

PAR CE QUE s'écrit en trois mots quand il signifie *par la chose que*, ou *par les choses que.* EX. : *Je vous juge par ce que vous dites, par ce que vous faites.*

FIN DE LA TROISIÈME PARTIE.

QUATRIÈME PARTIE.

=

SYNTAXE DE CONSTRUCTION.

D. *Quest-ce que la syntaxe de construction ?*
R. C'est la partie de la grammaire qui enseigne les règles qu'il faut suivre pour l'arrangement des mots dans les phrases.

DE L'ARTICLE.

D. *Quand doit-on employer l'article ?*
R. L'article s'emploie devant tous les noms communs qui sont pris dans un sens déterminé. Ainsi dites avec l'article : LA *robe de ma sœur est neuve.* — *On a demandé* LA *grâce du coupable*, parce que les mots *robe et grâce* sont déterminés. Mais si le nom est pris dans un sens indéterminé, ne vous servez pas de l'article; EX : *une table* DE *marbre, un chapeau* D'*homme. Marbre* et *homme* étant pris dans un sens général, indéterminé.

D. *Doit-on employer l'article devant les noms pris adjectivement servant d'attributs ?*
R. Non, on dit : *je suis ministre et mon frère est député. Ministre* et *député* sans article étant pris adjectivement.

D. *Peut-on se servir de l'article devant les noms propres ?*
R. Non, les noms propres s'écrivent sans articles : *Paris est une grande ville.* — *Rome est la capitale du monde chrétien.* — *Henri IV fut adoré de ses sujets.* Mais si les noms propres étaient employés comme noms communs, ils pren-

draient l'article; EX : *L'Alexandre des chats.* —
Le Néron de son siècle.

D. *N'y a-t-il pas des noms propres qui peuvent
être précédés de l'article ?*

R. Oui, ce sont les noms propres de région, de
contrées, de rivières, de vents et de montagnes;
EX. : *la France, l'Italie, la Normandie, le
Rhône, le Danube, le Zéphir, l'Aquilon, les
Pyrénées,* etc. Il y a des exceptions que l'usage
et le goût feront connaître ; on dit par exemple : *J'ai
voyagé en Italie, je reviens d'Allemagne,* etc.

RÉPÉTITION DE L'ARTICLE.

D. *Quand doit-on répéter l'article ?*

R. Non-seulement l'article, mais encore les
adjectifs déterminatifs se répètent : 1.° devant tous
les noms qui désignent des êtres différents.

EXEMPLES :

Ne dites pas :	Dites.
Les père et mère:	Le père et la mère.
Mes frères et sœurs.	Mes frères et mes sœurs.

Les mots *père* et *mère, frères* et *sœurs,* veulent
chacun un déterminatif, parce qu'ils désignent des
êtres différents ;

2.° L'article se répète encore devant tous les
adjectifs précédant un nom qu'ils qualifient d'une
manière différente.

EXEMPLES.

Ne dites pas :	Dites.
Il y a du bon et mauvais dans cette affaire.	Il y a du bon et du mauvais dans cette affaire.
Les petits et grands animaux.	Les petits et les grands animaux.

Les adjectifs *bon* et *mauvais, petits* et *grands,*
précédant des noms qu'ils qualifient dans un sens
opposé, doivent être précédés d'un article.

D. *Lorsque les qualités exprimées par les adjectifs
peuvent convenir au même nom, doit-on répéter l'article devant les adjectifs ?*

R. Lorsque les qualités exprimées par les adjectifs peuvent appartenir au même individu, on ne doit pas répéter l'article; EX : *Mes beaux et riches habits.* — *Le sage et pieux Fénélon.* — *Les hauts et puissants seigneurs.* Parce que les adjectifs *beaux* et *riches*, *sage* et *pieux*, *hauts* et *puissants*, peuvent convenir à la fois aux noms, *habits*, *Fénélon*, *seigneurs*.

D. *Quand doit-on répéter non-seulement l'article, mais encore le nom devant des adjectifs?*

R. C'est lorsque le nom précède des adjectifs qui expriment des qualités qui ne peuvent lui convenir à la fois.

EXEMPLE :

Ne dites pas :	*Dites :*
Les principes des langues française et espagnole.	Les principes de la langue française et de l'espagnole.
	Ou mieux encore :
	Les principes de la langue française et de la langue espagnole.
Les cotes personnelle et mobilière.	La cote personnelle et la mobilière, où la cote personnelle et la cote mobilière.

REMARQUE. — Si plus de deux qualificatifs sont exprimés, il semble que l'oreille ne demande que la répétition de l'article, afin d'éviter la monotonie du même nom répété plusieurs fois : EX : *La cote personnelle, la mobilière et la somptuaire*, et non *la cote personnelle, la cote mobilière, et la cote somptuaire.*

Modèle d'analyse.

DICTÉE.

Le loup, le chien et le renard. — Mon oncle et ma tante. — L'ancien et le nouveau fermier. — La belle et vaste maison. — Corneille a réformé la scène tragique et la scène comique par d'heureuses imitations.

ANALYSE.

Le loup, le chien et le renard. On doit répéter l'article devant chacun des noms parce qu'ils signifient des êtres différens.

Mon oncle et ma tante. On doit répéter le déterminatif

devant chacun des noms, parce qu'ils représentent des êtres différents.

L'ancien et le nouveau fermier. On doit répéter l'article devant chaque adjectif, parce que ces adjectifs précèdent le nom et qu'ils le qualifient dans un sens opposé.

La belle et vaste maison. On ne répète pas l'article devant *vaste*, parce que les deux qualités exprimées par les adjectifs *belle et vaste* peuvent convenir à la même maison.

La scène tragique et la scène comique. On doit répéter l'article et le nom devant chacun des adjectifs; les qualités exprimées par ces adjectifs ne pouvant convenir au même nom.

DE L'ADJECTIF.

D. *Où se placent les adjectifs*?

R. Les adjectifs se placent ou avant ou après le nom qu'ils qualifient, le goût seul est la règle qu'on doit suivre; EX. : *Un habit bleu, une vieille maison, un homme actif.*

D. *La place des adjectifs est-elle toujours indifférente pour le sens*?

R. Non, il y a des adjectifs qui changent de signification, selon qu'ils sont placés avant ou après le nom qu'ils qualifient; par exemple : *Un homme brave* n'est pas toujours un brave homme. — *Un grand homme* peut être de petite taille. — *Une sage femme* n'est pas la même chose qu'une femme sage. — *Un écolier pauvre* et un *pauvre écolier*, sont deux qualifications différentes; enfin il y a encore une différence bien grande entre *un honnête homme* et un homme honnête. — *Un galant homme* et un homme galant. — *Un homme plaisant* et un *plaisant homme*.

ADJECTIFS POSSESSIFS.

D. *Dans quel cas les adjectifs possessifs doivent-ils être remplacés par l'article*?

R. On remplace les adjectifs possessifs par l'article, quand le sens indique clairement, sans équivoque, le possesseur de l'objet dont on parle.

EXEMPLES :

Ne dites pas :	*Dites :*
J'ai mal à ma tête.	J'ai mal à la tête.
On vous a cassé votre bras.	On vous a cassé le bras.
Pierre a mal à sa jambe.	Pierre a mal à la jambe.

Il est inutile d'employer l'adjectif possessif dans ces phrases : le possesseur de l'objet étant désigné sans équivoque par les mots *je, vous, Pierre.*

D. *Quand doit-on remplacer les déterminatifs possessifs* son, sa, ses, leur, leurs, *par le pronom* en?

R. C'est toutes les fois que l'objet possédé n'est pas dans la même proposition que l'objet possesseur.

EXEMPLES :

Ne dites pas :	*Dites :*
Lisez cette histoire, SES détails sont curieux.	Lisez cette histoire, les détails EN sont curieux.
Ce jardin est beau quoique SES allées soient étroites.	Ce jardin est beau, quoique les allées EN soient étroites.

Histoire et *jardin* objets possesseurs n'étant pas dans la même proposition que *détails* et *allées,* objets possédés.

REMARQUE.—Cependant si les adjectifs possessifs précédant l'objet possédé, sont eux-mêmes précédés d'une préposition, on ne les remplace pas par le pronom *en*, quoique dans une autre proposition que l'objet possesseur ; EX: *Ce château est magnifique, j'admire la splendeur de ses appartemens. — Paris est une très-belle ville, on est émerveillé de la grandeur de ses édifices publics.*

Modèle d'analyse.

DICTÉE.

Un pauvre homme. — Un homme pauvre. — Jules m'a blessé au bras. — Julie a fini son ouvrage. — Cacher le mérite d'une bonne action, c'est en relever le prix. — Cette maison est mal située, il faudrait pouvoir l'ôter de sa place.

ANALYSE.

Un homme pauvre. C'est un homme qui n'a point de fortune.

9

Un pauvre homme. C'est un homme qui a peu de jugement, peu d'esprit.

Jules m'a blessé au bras. Il ne faut pas dire avec l'adjectif possessif, Jules m'a blessé à *mon* bras; l'objet
possesseur étant désigné sans équivoque par *m'*.

Julie a fini son ouvrage. On ne peut ici remplacer l'adjectif possessif par l'article, rien n'indiquant l'objet possesseur.

*Cacher le mérite d'une bonne action, c'est en relever
le prix.* L'objet posséder n'étant pas dans la même proposition que l'objet possesseur, on doit remplacer l'adjectif
possessif *son* par le pronom *en.*

*Cette maison est mal située, il faudrait pouvoir l'ôter
de sa place.* Dans la seconde proposition l'adjectif possessif *sa* étant précédé d'une préposition, on ne doit pas le
remplacer par le pronom *en.*

DU PRONOM.

D. *Peut-on toujours se servir des pronoms pour
remplacer les noms ?*

R. Oui, à moins que l'emploi du pronom ne fasse
naître une équivoque ; ainsi, par exemple, ne dites
pas en parlant d'un fils et de son père : *Il fait ce
qu'il lui a ordonné.* Dites, en remplaçant le second *il*: *Il fait ce que son père lui a ordonné,*
car sans cela il y aurait équivoque, on ne saurait
auquel du père ou du fils le pronom *il* aurait
rapport.

D. *Les pronoms* lui, leur, eux, elle, elles, *régimes indirects, précédés ou non précédés d'une préposition, peuvent-ils représenter des noms de chose ?*

R. Non, à moins que le nom de chose ne soit
personnifié.

D. *Par quels pronoms doit-on alors les remplacer?*

R. On doit les remplacer par les pronoms *en* et
y, ou donner une autre tournure à la phrase ; ex. :
Ne dites pas en parlant d'une maison : *Je* lui *ajouterai une aile,* dites : *J'*y *ajouterai une aile.*

D. *Quand doit-on remplacer les pronoms* lui, elle, *par le pronom* soi ?

R. On doit remplacer les pronoms *lui, elle*, par le pronom *soi*, lorsque le sujet du verbe est un infinitif, comme *n'aimer que soi*, ou un mot pris dans un sens indéterminé, comme *chacun pense à soi.*

D. Qui, *pronom interrogatif, peut-il représenter des noms de choses?*

R. Non, ne dites pas : *Qui sont ces livres ;* dites : *Quels sont ces livres.*

D. Qui, *précédé d'une préposition, peut-il s'employer pour remplacer des choses ?*

R. Non, ne dites pas : *Les herbes de qui je me sers ;* dites : *Les herbes dont je me sers.*

D. *Peut-on employer indifféremment les pronoms* celui-ci, celui-là, celle-ci, celle-là, *etc.?*

R. Non ; *celui-ci* s'emploie pour remplacer la personne ou la chose dont on a parlé en dernier, ou pour marquer l'objet le plus proche ; *celui-là* s'emploie pour remplacer la personne ou la chose dont on a parlé en premier, ou pour marquer l'objet le plus éloigné ; EX. : *Auguste et Victor sont deux bons élèves : celui-ci* (Victor) *est attentif et studieux ; celui-là* (Auguste) *a beaucoup d'intelligence.*

D. *Quand est-ce qu'après le mot* chacun *on doit employer* son, sa, ses ?

R. On emploie *son, sa, ses* après le mot *chacun,* quand *chacun* est placé après le régime direct, ou quand le verbe n'a pas de régime de cette nature ; EX. : *Il faut remettre ces objets chacun à sa place.—Ils seront placés chacun selon son mérite.*

D. *Quand est-ce qu'après* chacun *on doit employer* notre, votre, leur, nos, vos, leurs?

R. On emploie *notre, votre, leur,* etc., quand le mot *chacun* précède le régime direct : *Nous avons fait chacun notre devoir. — Les langues ont chacune leurs bizarreries.*

Modèle d'analyse.

DICTÉE.

Ce précipice est affreux, n'en approchez pas. — Chacun de ces messieurs compte peu sur soi. — Un magistrat intègre et un brave soldat sont également estimables : celui-là fait la guerre aux ennemis domestiques, celui-ci nous protége contre les ennemis extérieurs. — Nous avons interprêté la loi chacun à son avantage. — Vous serez placés chacun selon son mérite. — Vous donnerez chacun votre avis.

ANALYSE.

Ce précipice est affreux, n'en approchez pas. On a mis n'en approchez pas, au lieu de n'approchez pas de lui, précipice étant un nom de chose.

Chacun de ces messieurs compte peu sur soi. Le sujet du verbe compter étant indéterminé, on a employé *soi* au lieu de *lui.*

Un magistrat intègre, un brave soldat, sont également estimables; celui-là fait la guerre aux ennemis domestiques, celui-ci nous protége contre les ennemis extérieurs. Celui-là remplace le magistrat dont on a parlé le premier; *celui-ci* le brave soldat dont on a parlé ensuite.

Nous avons interprété la loi chacun à son avantage. Chacun étant placé après le régime direct, on doit se servir du mot *son.*

Vous serez placés chacun selon son mérite. Le verbe n'ayant pas de régime direct, on doit encore employer *son* après chacun.

Vous donnerez chacun votre avis. Chacun précédant le régime direct, il faut employer le mot *votre.*

DU VERBE.

D. *Lorsque le verbe a pour sujet des mots de différentes personnes, à quelle personne faut-il le mettre et comment se construit la phrase ?*

R. Si les sujets sont de différentes personnes, le verbe se met à la 1.re personne, de préférence à toute autre, et lorsqu'il n'y a point de première personne parmi les sujets, on met le verbe à la seconde personne, en ayant soin pourtant, dans l'un et l'autre cas, de le faire précéder du pronom pluriel de la personne avec laquelle il s'accorde ; EX. : *O Télémaque, vous et le digne vieillard qui vous accompagne*, VOUS RESTEREZ *dans mon île.* — *C'est mon frère et moi qui* NOUS SOMMES *laissés persuader.*

Cette règle a quelques exceptions que le goût et l'usage feront connaître.

EMPLOI DES MODES ET DES TEMPS.

D. *Quand deux verbes sont liés par la conjonction* que, *dans quel cas doit-on mettre le second verbe à l'indicatif ; dans quel cas doit-on le mettre au subjonctif?*

R. On met le second verbe au mode de l'indicatif quand le premier affirme positivement que l'action du second a lieu présentement, a eu lieu, ou aura lieu ; et on met le second verbe au mode du subjonctif, lorsque le premier verbe n'affirme pas l'action exprimée par le second ; EX. : *Je sais que l'argent* PEUT *sauver la vie, mais je doute qu'il* PUISSE *sauver l'honneur.*

D. *Quand est-ce que les pronoms* qui, que, où, d'où, par où, *veulent le verbe suivant au mode indicatif ; quand le veulent ils au mode subjonctif?*

R. Le verbe se met à l'indicatif quand *qui, que, où, d'où, par où*, représentent des antécédens déterminés : *Je vous citerai des hommes qui* ONT PRÉFÉRÉ *la mort à l'infamie ;* et au mode du subjonctif, quand ils représentent des antécédens indéterminés : *Cherchez un point d'où vous* PUISSIEZ *tout découvrir.*

D. *Quand la conjonction* si *est remplacée par la conjonction* que, *dans un deuxième membre de phrase, à quel mode faut-il mettre le verbe qui suit la conjonction* que?

R. Au subjonctif ; EX. : *Si vous m'aimiez et* QUE *vous* VOULIEZ *me le prouver.*

9*

D. *A quel mode faut-il mettre le verbe qui suit l'adverbe* quelque ?

R. *Quelque*, adverbe, veut toujours le verbe qui suit au subjonctif ; EX. : *Quelque profonde que soit votre douleur*.

D. *Le mot* quel *séparé de* que *veut-il aussi le verbe suivant au subjonctif* ?

R. Oui ; car il exprime un doute comme l'adverbe *quelque*. EX. : *Quelle que soit votre naissance*.

D. Tout, *suivi de* que, *veut-il aussi le verbe suivant au subjonctif* ?

R. Non ; l'adverbe *tout,* suivi de *que,* affirmant, veut le verbe suivant au mode de l'indicatif. EX. : *La vertu toute belle qu'elle* EST.

D. *Après les conjonctions* avant que, afin que, quoi que, bien que, en cas que, pourvu que, sans que, *etc.*, *doit-on employer l'indicatif ou le subjonctif* ?

R. Après toutes ces conjonctions on emploie le mode du subjonctif ; EX. : *Quoi que vous* FASSIEZ *vous ne pourrez jamais remplir cet emploi*.

D. *Quand doit-on employer le présent* ?

R. On emploie le présent toutes les fois qu'on veut exprimer qu'une chose est ou se fait dans le moment de la parole ; EX. : *J'écris à mon oncle*.

On emploie encore le présent pour marquer des choses qui sont habituelles, qui ne varient jamais ; EX. : *On ne savait pas autrefois que la terre* TOURNE *autour du soleil*.

Enfin, l'on peut encore employer le présent pour marquer un temps futur très-rapproché, comme : *Je suis de retour dans un instant*.

D. *Quand le verbe doit-il s'employer à l'imparfait* ?

R. Le verbe se met à l'imparfait lorsqu'il exprime une action présente en même temps qu'une autre, mais passée pour le moment de la parole ; EX. : *J'écrivais quand vous êtes entré*.

D. *Quand doit-on employer le parfait défini* ?

R. Le parfait défini s'emploie pour marquer une

action faite dans un temps passé déterminé et qui est entièrement écoulé au moment de la parole; EX. : *J'écrivis hier à mon oncle.*

D. *Quand doit-on employer le parfait indéfini?*

R. Le parfait indéfini s'emploie : 1.° Lorsqu'on veut indiquer qu'une action a eu lieu dans un temps passé qui n'est pas déterminé; EX. : *J'ai écrit à mon oncle.*

2.° Lorsqu'on veut marquer que l'action a eu lieu à une époque passée déterminée qui n'est pas entièrement écoulée au moment où l'on parle; EX. : *J'ai écrit ce mois-ci à mon oncle.* — *J'ai vu votre père cette semaine.* — *Il est arrivé ce matin de l'armée.*

D. *Dans quel cas doit-on employer le parfait antérieur?*

R. On emploie ce temps toutes les fois qu'on veut indiquer qu'une action a eu lieu immédiatement avant une autre qui a eu lieu dans un temps passé pour le moment de la parole; EX.: *Aussitôt que j'eus dîné je partis pour la campagne.*

D. *Quand doit-on employer le plus-que-parfait?*

R. On emploie le plus-que-parfait lorsque l'action exprimée par le verbe est entièrement passée avant une autre action qui est aussi passée pour le moment de la parole; EX. : *J'avais fini de dîner quand vous revîntes de la promenade.*

D. *Quelle différence y a-t-il entre le parfait antérieur et le plus-que parfait?*

R. C'est que le parfait antérieur exprime que les actions ont eu lieu l'une après l'autre sans interruption; tandis qu'au plus-que-parfait il peut s'écouler un temps plus ou moins long entre les deux actions.

D. *Quand le verbe doit-il s'employer au futur présent?*

R. Le verbe se met au futur présent pour exprimer une action future par rapport à un temps présent, et qui est présente à ce temps futur;

Ex. : *Je sais que vous viendrez demain à cinq heures.*

D. *Quand doit-on mettre le verbe au futur passé?*

R. Le verbe se met au futur passé, quand on veut exprimer une action future pour un temps présent, et qui est passée à ce temps futur; Ex. : *Je sais que demain à midi vous aurez fini votre ouvrage.*

D. *Quand doit-on employer le conditionnel présent!*

R. On emploie le conditionnel présent pour marquer une action future par rapport à un temps passé pour le moment où l'on parle et présente à cette époque future; Ex. : *Je savais hier que tu viendrais aujourd'hui.*

D. *Quand faut-il mettre le verbe au conditionnel passé?*

R. Toutes les fois qu'on veut exprimer qu'une action est future par rapport à un temps passé et qu'elle est passée à cette époque future; Ex. : *Je disais hier que tu serais parti aujourd'hui pour cinq heures.*

D. *Quelle différence y a-t-il entre les futurs de l'indicatif et les temps du conditionnel?*

R. Les temps du futur de l'indicatif expriment que l'action est future par rapport à un temps présent; tandis que les temps du conditionnel expriment une action future par rapport à un temps passé pour le moment de la parole.

Modèle d'analyse.

DICTÉE.

Vous ou votre frère vous resterez. — Elle et moi nous partirons. — Je sais que vous êtes musicien. — Je souhaite que vous sachiez votre leçon. — Aussitôt que j'eus écrit, je fis mettre la lettre à la poste. — Si cet enfant est sage, je le récompenserai. — J'étais certain que vous auriez une réponse aujourd'hui. — Je sais que vous serez revenu demain à six heures, etc.

ANALYSE.

Vous ou votre frère vous resterez. Le verbe rester se

met à la seconde pers. pl., son sujet étant composé de plusieurs mots de différentes personnes. C'est aussi par la même raison qu'on le fait précéder du pronom pluriel de la personne avec laquelle il s'accorde.

Elle et moi nous partirons. Même règle.

Je sais que vous êtes musicien. Le verbe savoir affirmant, le verbe être doit être au mode de l'indicatif.

Je souhaite que vous sachiez votre leçon. Le verbe souhaiter n'affirmant pas, le second verbe se met au mode du subjonctif.

Aussitôt que j'eus écrit, je fis mettre la lettre à la poste. *J'eus écrit* au parf. ant. les deux actions ayant eu lieu sans interruption l'une après l'autre, dans un temps passé pour le moment de la parole.

Si cet enfant est sage, je le récompenserai. Le verbe est au futur présent parce qu'il exprime une action future pour un temps présent, et qui sera présente à l'époque future.

J'étais certain que vous auriez une réponse aujourd'hui. Le verbe avoir est au condit. prés. parce qu'il exprime une action future pour un temps passé et qui est présente à cette époque future.

Je sais que vous serez revenu demain à six heures. Serez revenu est au futur passé, parce qu'il exprime une action future pour un temps présent, et qui sera passée à l'époque future.

CONCORDANCE DES TEMPS DE L'INDICATIF.

D. *Lorsque deux verbes sont liés par la conjonction* que, *à quel temps de l'indicatif doit-on mettre le second verbe?*

R. La pensée que l'on veut exprimer indique seule quel est le temps que l'on doit employer; car tout dépend ici du moment plus ou moins déterminé où l'action a eu lieu, et des circonstances de temps que l'on veut faire connaître.

Voici un tableau qui indique ceux des temps de l'indicatif qui entrent en concordance avec les temps de ce même mode.

On emploie :

LE PRÉSENT avec	le présent.	Je crois que vous êtes son fils.
	le parf. indéf.	Je crois que Jules a fini son ouvrage.
	le futur prés.	Je pense que vous obtiendrez une audi
L'IMPARFAIT avec	l'imparfait	Je croyais que vous partiez.
	le pl.-q.-parf.	Je croyais que vous aviez perdu la partie
	le cond. prés	Je croyais que vous partiriez.
	le cond. passé.	Je pensais que vous auriez pardonné.
LE PARF. DÉF. avec	l'imparfait.	Je crus que vous partiez.
	le pl.-q. parf.	Je crus que vous aviez réussi.
	le cond. prés.	Je crus que vous partiriez.
	le cond. passé.	Je crus que vous seriez parti.
LE PARF. INDÉF. avec	l'imparfait.	J'ai cru que vous m'estimiez.
	le pl.-q.-parf.	J'ai cru que vous aviez réussi.
	le cond. prés.	J'ai cru que vous partiriez.
	le cond. passé.	J'ai cru que vous seriez parti.
LE PARF. ANT. avec	l'imparfait.	Quand j'eus cru que vous partiez.
	le cond. prés	Lorsque j'eus cru que vous partiriez.
	le cond. passé.	Lorsque j'eus cru que vous seriez parti
LE PL.-Q.-PARF. avec	le pl.-q.-parf.	J'avais cru que vous aviez réussi.
	le cond. prés.	J'avais cru que vous viendriez me voir.
	le cond. passé.	J'avais cru que vous auriez chanté.
LE FUTUR PRÉS. avec	le présent.	Je croirai qu'il est savant quand….
	le parf. indéf.	Je croirai que Félix a fini son ouvrage.
	le futur prés.	Je croirai qu'il reviendra.
	le futur passé.	Je croirai qu'il t'aura obligé quand…
LE FUTUR PASSÉ avec	l'imparfait.	Tu auras cru qu'il partait avec nous.
	le pl.-q.-parf.	Tu auras cru que j'avais lu ton livre.
	le cond. prés	J'aurai cru qu'il viendrait.
	le cond. passé.	Tu auras cru qu'il serait puni.
LE COND. PRÉS. avec	le part. indéf.	Je croirais que vous m'avez pardonné
	le parf. antér.	Je croirais que vous m'eûtes servi si….
LE COND. PASSÉ avec	le pl.-q.-parf.	J'aurais cru que vous aviez gagné.
	le cond. prés.	J'aurais cru que vous partiriez.
	le cond. passé.	J'aurais cru que vous seriez parti.

CONCORDANCE DES TEMPS DE L'INDICATIF AVEC CEUX DU SUBJONCTIF.

D. *Lorsque deux verbes sont liés par la conjonction* que, *à quel temps du subjonctif doit-on mettre le second verbe ?*

R. Cela dépend du temps où le premier verbe est employé ; les temps du subjonctif entrant en concordance avec ceux de l'indicatif, selon l'époque ou l'action que le verbe au subjonctif exprime a lieu, a eu lieu ou aura lieu.

Voici un tableau qui fait connaître la concordance des temps de l'indicatif avec ceux du subjonctif.

TEMPS DE L'INDICATIF.	TEMPS du Subjonctif.	EXEMPLES.
LE PRÉSENT entre en concordance avec	le présent. / le parfait.	Je doute que tu écrives à ton père. / Je doute que tu aies écrit à ton père.
L'IMPARFAIT — idem.	l'imparfait. / le pl.-que-parf.	Je doutais que tu écrivisses à ton père. / Je doutais que tu eusses écrit à ton père.
LE PARFAIT DÉFINI — idem.	l'imparfait. / le pl.-que-parf.	Je doutai que tu écrivisses à ton père. / Je doutai que tu eusses écrit à ton père.
LE PARFAIT INDÉFINI — idem.	l'imparfait, / le parfait.	J'ai douté que tu écrivisses à ton père. / J'ai douté que tu aies écrit à ton père.
LE PARFAIT ANTÉRIEUR — idem.	le pl.-que-parf.	J'ai douté que tu eusses écrit à ton père. / Quand j'eus douté que tu eusses écrit à ton père.
LE PLUS-QUE-PARFAIT — idem.	l'imparfait. / le pl.-que-parf.	J'avais douté que tu écrivisses à ton père. / J'avais douté que tu eusses écrit à ton père.
LE FUTUR PRÉSENT — idem.	le présent. / le parfait.	Je douterai que tu écrives à ton père. / Je douterai que tu aies écrit à ton père.
LE FUTUR PASSÉ — idem.	le présent. / le parfait.	J'aurai douté que tu écrives à ton père. / J'aurai douté que tu aies écrit à ton père.
LE CONDITIONNEL PRÉSENT — idem.	l'imparfait. / le pl.-que-parf.	Je douterais que tu écrivisses à ton père. / Je douterais que tu eusses écrit à ton père.
LE CONDITIONNEL PASSÉ — idem.	l'imparfait. / le pl.-que-parf.	J'aurais douté que tu écrivisses à ton père. / J'aurais douté que tu eusses écrit à ton père.

REMARQUE. — Il arrive quelquefois que lorsque deux verbes sont liés par la conjonction *que*, le second ne dépend du premier que pour le mode, et dépend du verbe d'une phrase conditionnelle pour le temps ; EX. : *Je t'assure que tu* AURAIS ÉVITÉ *bien des peines à tes parents, si tu leur avais écrit plus tôt.* Dans cette phrase *aurais évité* dépend du verbe *je t'assure*, pour le mode, et du verbe *avais écrit* pour le temps. La même remarque a lieu au subjonctif ; EX. : *Je doute que tu* EUSSES ÉVITÉ *bien des peines à tes parents, si tu leur avais écrit plus tôt.* Le verbe *eusses évité* dépend du verbe *douter* pour le mode, et du verbe *écrire* pour le temps.

EMPLOI DES AUXILIAIRES AVOIR ET ÊTRE.

D. *Dans quel cas doit-on employer le verbe* être *ou le verbe* avoir *dans la conjugaison des temps composés ?*

R. RÈGLE GÉNÉRALE. On doit employer le verbe *être* toutes les fois que l'on veut exprimer un état, et le verbe *avoir* quand on veut exprimer une action.

EXEMPLES.

Exprimant l'action :	*Exprimant l'état.*
Il a sorti ce matin.	Il est sorti depuis le matin.
Le soleil a disparu avec rapidité.	Plusieurs espèces d'animaux sont disparus du globe.
Il a entré dans ma chambre, on le voit bien.	Il est entré, fermez la porte.
Cet enfant a changé de conduite.	Cet enfant est bien changé depuis sa maladie.
L'ennemi a décampé dès qu'il nous a aperçus.	L'ennemi était campé sur la colline.
J'ai été à Paris.	Ma sœur est allée au spectacle, elle ne reviendra qu'à dix heures.

D. *Quels sont les verbes qui se conjuguent toujours avec* être ?

R. Ce sont les verbes passifs, les verbes pronominaux et les verbes *arriver, tomber, venir, devenir, mourir, naître, éclore, décéder*, et leurs composés.

Modèle d'analyse.

DICTÉE.

Je sais que vous aimez la musique, mais je doute que vous soyez instrumentiste. — Je doute que nous n'eussions pas eu plus de succès, si nous avions suivi notre premier plan. — Nous avons parti à deux heures du matin. — Mes sœurs sont parties depuis trois jours.

ANALYSE.

Je sais que vous aimez la musique, mais je doute que vous soyez instrumentiste. Dans cette phrase le verbe savoir affirmant, le verbe *aimez* est au mode de l'indicatif et au présent, l'action se faisant présentement. Dans le second membre le verbe douter n'affirmant pas, le verbe être est au mode du subjonctif et aussi au présent.

Je doute que nous n'eussions pas eu plus de succès, si nous avions suivi notre premier plan. Dans cette phrase le verbe avoir dépend du verbe douter pour le mode, et du verbe de la phrase conditionnelle pour le temps.

Nous avons parti à deux heures du matin. Le verbe partir exprimant ici une action, est conjugué avec avoir.

Mes sœurs sont parties depuis trois jours. Le verbe partir exprimant un état, se conjugue avec être.

DE LA PRÉPOSITION.

D. *Dans quel cas doit-on employer les prépositions?*

R. Toutes les fois qu'on veut établir un rapport entre deux mots; EX. : *Je vais à Paris;* à met en rapport le verbe *aller* avec *Paris.*

D. *Quand doit-on répéter la préposition devant chaque régime; quand doit-on ne pas la répéter?*

R. On doit répéter les prépositions devant chacun des mots qui leur sert de régime, lorsque les régimes signifient des choses tout-à-fait différentes, et au contraire on ne doit plus les répéter lorsque ces régimes sont à peu près synonimes; EX. : *Remplissez vos devoirs envers Dieu, envers vos pa-*

rents, *envers la patrie*. — *Il est honteux de passer sa vie dans la mollesse et l'oisiveté*. Dans le premier exemple, on a répété la préposition *envers*, les régimes exprimant des choses différentes ; dans le second on n'a pas répété la préposition *dans*, les régimes *mollesse* et *oisiveté* ayant quelque synonymie.

D. *Doit-on toujours répéter les prépositions* à, en, de ?

R. Ces prépositions doivent toujours se répéter devant tous les régimes ; EX. : *Cet enfant apprendra* A *lire*, A *écrire et* A *calculer*. — *On trouve les mêmes préjugés* EN *Europe*, EN *Asie*, EN *Afrique, et même jusqu'*EN *Amérique*. — *Vous recevrez une lettre* DE *lui ou* DE *moi*.

REMARQUES SUR QUELQUES PRÉPOSITIONS.

Autour de	veut toujours un régime : *Ses amis étaient autour du lit qui pleuraient*.
Alentour	est un adverbe ; il ne veut jamais de régime ; on dit : *Les échos d'alentour*.
Au travers de	se dit quand on éprouve de la résistance pour passer.
A travers le	signifie passer par le milieu sans éprouver de résistance ; EX. : *Le fil passe à travers l'aiguille, mais l'aiguille passe au travers de l'étoffe*.
Près	est une préposition qui veut dire à proximité : *Il demeure près de la comédie*, c'est-à-dire proche de la comédie. Près veut toujours être suivi de la préposition *de*.
Auprès	veut dire très-proche ; il s'emploie dans un sens plus déterminé que *près* : *Sa maison est auprès de la Comédie*.
Prêt	est un adjectif qui signifie être disposé ; il veut toujours être suivi de la préposition *à* ; EX. : *Il est prêt à partir*.
Vis-à-vis	veut dire en face ; EX. : *Il demeure vis-à-vis du palais*. Il ne doit jamais s'employer pour *envers* ; ainsi ne dites pas : *Il a mal agi vis-à-vis de son frère*, dites : *Il a mal agi envers son frère*.

DE L'ADVERBE.

D. *Où se place l'adverbe?*

R. L'adverbe se place ordinairement après le verbe qu'il modifie : *Il agit* SAGEMENT. Si le verbe est à un temps composé, l'adverbe se place entre l'auxiliaire et le participe : *Il a* FORT BIEN *parlé*. Enfin, l'adverbe se place avant l'adjectif qu'il modifie : *Cette ode est* FORT *belle*, TRÈS-*touchante*.

EMPLOI DE LA NÉGATION NE.

D. *Quand doit-on après les verbes* craindre, empêcher, défendre, douter, nier, désespérer, disconvenir, se défier, tenir, prendre garde, devoir, *doit-on exprimer la négative* ne *au verbe suivant ; quand est-ce qu'on ne doit pas l'exprimer ?*

R. *Craindre, prendre garde* et *se défier*, accompagnés d'une négation, ou sous la forme interrogative, ne veulent pas la négative *ne* au verbe qui leur est lié par la conjonction *que ;* EX. : *Je ne craignais pas que l'on nous condamnât. — Ne prenez-vous donc pas garde qu'on vous trompe.* Sans négation, ils veulent toujours la négative *ne* au verbe qui suit ; EX. : *Je craignais que l'on ne nous eut entendu. — On doit se défier qu'il n'arrive.*

Empêcher veut toujours la négative au second verbe ; EX. : *J'empêcherai qu'il* NE *sorte. — Rien n'empêchait que nous* NE *continuassions comme nous avions commencé.*

Défendre ne veut jamais la négation *ne* au verbe suivant ; EX. : *J'ai défendu que vous vissiez personne. — Je ne défends pas que vous entriez.*

Nier, douter, désespérer, disconvenir, tenir et *devoir*, sans négation, ne veulent pas la négation au second verbe ; mais sous la forme interrogative et avec négation, ils veulent la négative ; EX. : *Je nie qu'il soit instruit.—Je désespère qu'il parte. — Je ne nie pas qu'il n'ait mérité votre estime. — Je ne doute pas qu'il ne parvienne. — Doutez-vous qu'il n'ait du mérite.*

D. *Après* à moins que, avant que, sans que, *quand doit-on employer la négative* ne ; *quand ne doit-on pas l'employer ?*

R. Si le verbe qui précéde *avant que* est affirmatif, il ne faut pas employer la négative au verbe suivant ; mais s'il est négatif il faut l'employer ; EX. : *Faites donc tous vos efforts pour acquérir des connaissances avant que l'âge* NE *vous en empêche.*

A moins que exprimant un doute par lui-même, veut toujours la négation *ne* au verbe suivant : *Vous serez vaincus, à moins que le ciel n'opère un miracle.*

Sans que ne veut jamais la négation au verbe qui suit ; EX. : *Il entra dans la salle sans que personne s'en aperçut.*

D. *Après* il s'en faut, il ne s'en faut pas, peu s'en faut, *quand faut-il employer la négative* ne ?

R. Il *s'en faut* ne veut jamais la négative au verbe suivant ; *il ne s'en faut pas* et *peu s'en faut* la veulent toujours ; EX. : *Il s'en faut que vous ayez raison. — Peu s'en faut que vous ne partiez tout de suite.*

D. *Après le que d'un comparatif quand emploie-t-on la négation* ne ; *quand ne l'emploie-t-on pas ?*

R. Il ne faut pas employer la négative, quand le comparatif exprime l'égalité ; mais on doit l'employer s'il exprime une inégalité : *Le peuple est toujours plus éclairé que les grands ne le désirent. — La vertu n'est pas aussi rare qu'on se l'imagine.*

REMARQUES SUR QUELQUES ADVERBES.

Dessus, dessous, dedans, dehors, sont adverbes, et par conséquent ne veulent pas être suivis d'un régime; ne dites donc pas : *dessus la terre, dessous la table,* dites *sur la terre, sous la table.* Excepté cependant si dessus, dessous, dedans, dehors, étaient précédés d'une préposition, comme *il sauta* PAR-DESSUS *la haie,* ou bien si deux de ces adverbes précédaient un nom, comme : *il y a de la vaisselle dessus et dessous la table.*

De suite s'emploie dans le sens de sans interruption : *Il a travaillé trois heures de suite.*

Tout de suite signifie sur-le-champ, à l'instant même ; EX. : *Servez le dîner tout de suite.*

Tout-à-coup signifie soudainement, d'une manière subite : *la pluie survint tout-à-coup.*

Tout d'un coup veut dire d'une seule fois, en même temps : *Il perdit sa fortune tout d'un coup.*

Si, aussi s'emploient pour modifier les adjectifs et les adverbes; EX. : *Il est si bon, si généreux. — Travaillez-vous aussi habilement que votre frère.*

Tant, autant s'emploient pour modifier les verbes et pour régir les noms; EX. : *Cette dame aime tant ses enfants. — Tant de savoir annonce une vie laborieuse.*

Modèle d'analyse.

DICTÉE.

Elle a de la beauté, de l'esprit, des grâces et de l'honnêteté. — L'homme est sous les yeux et sous la main de la providence. — Il est sous la garde et la protection des lois. — Cet homme s'est montré ingrat envers son bienfaiteur. — Je ne disconviens pas que cela n'arrive. — Il a écrit vingt lignes de suite, etc.

ANALYSE.

Elle a de la beauté, de l'esprit, des grâces et de l'honnêteté. On doit toujours répéter la préposition *de* devant chaque mot servant de régime.

L'homme est sous les yeux et sous la main de la providence. Il faut répéter la préposition *sous,* les régimes exprimant des choses différentes.

Il est sous la garde et la protection des lois. On ne doit pas répéter la préposition *sous,* les régimes offrant quelque synonymie.

10*

Cet homme s'est montré ingrat envers son bienfaiteur.
Envers ne peut jamais être remplacé par vis-à-vis.

Je ne disconviens pas que cela ne soit. Disconvenir
étant employé avec une négation, il faut la négation au
verbe suivant.

Il a écrit vingt lignes de suite. On a mis *de suite* pour
ans interruption.

PHRASÉOLOGIE.

D. *Qu'est-ce que la phraséologie ?*

R. C'est l'art de construire les phrases.

D. *De quoi se compose une phrase ?*

R. Une phrase peut être composée d'une ou plusieurs propositions.

D. *Qu'est-ce qu'une proposition ?*

R. C'est la réunion de plusieurs mots qui expriment l'existence d'une chose et le jugement que
que l'on en porte.

D. *Qu'est-ce qu'une proposition simple ?*

R. C'est celle qui n'est composée que d'un sujet,
d'un verbe et d'un attribut ; comme *la vertu est
souvent opprimée.*

D. *Qu'est-ce qu'une proposition composée ?*

R. C'est celle dont le verbe a plusieurs sujets ou
plusieurs attributs ; EX.: *Le lion et le tigre se
trouvent en Afrique.* — *Le lion est fort et coura-
geux.*

D. *Qu'est-ce qu'une proposition principale?*

R. C'est celle qui sert à exprimer le fonds de la pensée ; elle ne peut jamais commencer par un pronom relatif ni par une conjonction.

D. *Qu'est-ce qu'une proposition incidente ?*

R. C'est celle qui est ajoutée à une autre proposition pour la déterminer ou pour l'expliquer ; EX. : *Le globe du soleil, dont nos yeux pouvaient alors soutenir l'éclat, prêt à se plonger dans les vagues étincelantes, apparaissaient dans les cordages du vaisseau, et versait encore le jour dans des espaces sans bornes.* La phrase principale est celle-ci : *Le globe du soleil apparaissait et versait encore le jour dans des espaces sans bornes.* Les phrases incidentes sont : *dont nos yeux pouvaient alors soutenir l'éclat ; — prêt à se plonger dans les vagues étincelantes.*

D. *Qu'est-ce qu'une proposition conditionnelle?*

R. C'est celle qui restreint une autre proposition par une condition ; EX. : *Si vous voulez vivre heureux et long-temps soyez sobre et laborieux.*

D. *Qu'est-ce qu'une période ?*

R. La période est une phrase composée de plusieurs membres dont le sens est suspendu jusqu'au dernier.

D. *Quand dit-on que la phrase est expositive?*

R. La phrase est expositive quand elle expose simplement un fait ; comme *l'ennui naquit un jour de l'uniformité.*

D. *Quand est-ce qu'une phrase est impérative?*

R. La phrase est impérative quand elle exprime un commandement, EX. : *Faites vos adieux et partez.*

D. *Quand est-ce qu'une phrase est interrogative?*

R. C'est lorsqu'elle exprime une interrogation ; EX. : *La fortune fait-elle le bonheur?*

D. *Dans quel ordre doit-on énoncer les mots qui composent une proposition?*

R. On doit d'abord énoncer le sujet, ensuite le

verbe , puis le régime direct et enfin le régime indirect.

D. *Qu'est-ce que faire une inversion?*

R. C'est intervertir l'ordre des mots qui composent la phrase ; ainsi , par exemple , on fait une inversion en commençant une phrase par le régime
indirect au lieu de la commencer par le sujet ;
EX. : *A Romulus succéda Numa, prince pacifique
et religieux.*

D. *Dans quel cas le sujet se place-t-il après le
verbe ?*

R. Le sujet se place après le verbe , 1.º dans les
phrases interrogatives : *Quand partirez-vous ?*
2.º dans les phrases incidentes qui commencent
par un des mots *ou, que, dont ;* EX. : *L'école po-
lytechnique, d'où sont sortis tant d'officiers-gé-
néraux ;* 3.º Quand on rapporte les paroles de
quelqu'un : *Je meurs innocent, je pardonne à
mes ennemis, disait Louis XVI sur l'échafaud ;*
4.º Quand la phrase commence par un des mots
*tel, ainsi, aussi, au moins, en vain, peut-être,
à peine ;* EX. : *Tel est mon avis. — Peut-être re-
viendrai-je. — Ainsi périt Jeanne d'Arc. — Ces
enfants sont studieux, aussi sont-ils aimés de
leurs maîtres.* 5.º Enfin , par élégance , lorsque le
verbe exprime l'idée principale, celle que l'on veut
faire ressortir ; EX. : *Périsse le traître, qui livre
son pays pour de l'or.*

D. *Quand doit-on commencer la phrase interrogative par les mots* est-ce que?

R. On doit commencer la phrase interrogative
par *est-ce que* lorsque dans une phrase précédente
il y a des circonstances qui font naître l'interrogation , comme *cet enfant ne vient plus à l'école,
est-ce qu'il est malade?* ou lorsque la terminaison
du verbe fait avec le sujet *je* un son dur, désa-
gréable à l'oreille ; ainsi dites : *est-ce que je meurs?*
pour *meurs-je? — est-ce que je dors?* pour
dors-je? etc.

D. *Quels sont les régimes directs qui se placent toujours après le verbe ; quels sont ceux qui se placent toujours avant ?*

R. Si le régime direct est un nom, il est ordinairement placé après le verbe : *J'estime votre franchise*. Mais si le régime est un pronom personnel il se place avant le verbe : *Je vous estime*.

D. *Lorsque le verbe a deux régimes, l'un direct et l'autre indirect lequel doit se placer le premier ?*

R. C'est le régime le plus court qu'on place le premier ; EX. : *J'ai écrit à ma sœur une lettre fort intéressante.*

D. *Lorsque les deux régimes sont de même longueur lequel doit-on placer le premier ?*

R. C'est le régime direct.

D. *Lorsque le régime indirect est un des pronoms* me, te, se, nous, vous, *et le régime direct un des pronoms* le, la, les, *quand doit-on placer le régime indirect avant le régime direct ?*

R. C'est lorsque la phrase est expositive ou interrogative ; EX. : *Pourrez-vous vous les procurer.— Il se le fera rendre.* Mais si la phrase était impérative on placerait ces pronoms ainsi que *moi, toi, lui, leur*, après le régime direct ; EX. : *Donnez-les moi, apportez-le nous, procure-le toi, vendez-les leur, rendez-la lui.*

D. *Où se place le pronom* en *employé avec un des pronoms* me, te, nous, vous, lui, leur, le, la, les ?

R. Il se place toujours après ces pronoms ; EX. : *donnez-m'en, donnez-leur en, je les en ferai repentir.*

D. *Quand doit-on commencer la phrase par le régime indirect ?*

R. C'est lorsqu'il est trop éloigné du verbe, ou qu'il peut donner lieu à une équivoque en le plaçant après ; EX. : *A cette circonstance, ajoutons-en une autre non moins importante.*

D. Un nom peut-il servir de régime à deux verbes ou à deux adjectifs?

R. Oui ; pourvu que les verbes ou les adjectifs veulent un régime de même nature ; EX. : *Les ennemis attaquèrent et prirent la ville*, parce que les verbes prendre et attaquer veulent tous deux un régime direct ; mais si les verbes exigent des régimes différents, il faut donner à chacun le régime qui lui convient, au moyen d'une répétition ou par l'emploi d'un pronom ; EX. : *Les ennemis attaquèrent la ville et s'en emparèrent.* Le premier verbe veut un régime direct et le second un régime indirect.

REMARQUE. — On doit encore avoir soin de donner à chaque régime indirect la préposition qui lui convient.

D. Quand le qui *relatif ne peut être placé immédiatement après son antécédent, par quel pronom faut-il le remplacer?*

R. Par *lequel, laquelle, lesquels, lesquelles,* dont les terminaisons indiquent facilement l'antécédent ; EX. : *Vous admirez l'adresse de Tanaquil, épouse de Tarquin l'ancien,* LAQUELLE *sut extorquer la couronne au peuple en faveur de son gendre.* Si l'on eût remplacé *laquelle* par *qui*, on aurait pu croire que c'était Tarquin qui avait extorqué la couronne.

D. Si des deux membres d'une phrase, le premier commence par c'est *suivi d'un nom ou d'un pronom, peut-il être représenté par un des relatifs* qui, *ou, au commencement du deuxième membre?*

R. Non ; il faut *que ;* EX. : *C'est dans le temps que les grands hommes sont le plus commun,* QUE *l'on rend le plus justice à leur gloire.*

PONCTUATION.

D. *Qu'est-ce que la ponctuation ?*

R. C'est l'art de placer à propos dans le discours les signes qui servent à indiquer les pauses plus ou moins longues que l'on est obligé d'y faire.

D. *Combien avons-nous de signes qui servent à ponctuer ?*

R. Nous en avons sept ; savoir : la virgule (,), le point-virgule (;), les deux points (:), le point (.), le point interrogatif (?), le point exclamatif (!) et les points de suspension (....).

D. *A quoi sert la virgule ?*

R. La virgule sert 1.° à séparer les noms, les adjectifs, les verbes et les adverbes, qui ne se régissent pas, et qui ne sont pas joints par une conjonction ; 2.° à séparer les phrases principales ; 3.° enfin, à séparer les membres d'une période quand ils sont courts.

D. *A quoi sert le point-virgule ?*

R. Le point-virgule s'emploie à la fin d'une phrase dont le sens est terminé, mais dont la phrase qui suit dépend de la première. — Il s'emploie aussi à séparer les membres d'une période quand ils sont longs.

D. *Où se placent les deux points ?*

R. Les deux points se mettent après une phrase dont le sens est complet, mais qui doit être éclairci par la proposition suivante.

D. *Où se place le point final ?*

R. Le point final se met après une phrase où celui qui parle a exposé toute une pensée.

D. *Où met-on le point interrogatif ?*

R. Le point interrogatif se place après toutes les phrases interrogatives.

D. *Où place-t-on le point exclamatif ?*

R. Après un mot ou une phrase qui exprime un vif sentiment de l'âme.

D. *A quoi servent les points de suspension ?*

R. Les points de suspension s'emploient pour remplacer la fin d'une phrase ou un mot que l'on ne veut pas exprimer.

D. *Qu'est-ce que la parenthèse ?*

R. La parenthèse ( ) est un caractère orthographique dont on se sert pour enfermer une phrase accessoire qui interrompt le sens du discours.

D. *Qu'est-ce qu'un alinéa ou mettre à la ligne ?*

R. C'est abandonner la ligne où l'on vient de terminer une phrase, pour commencer une autre ligne, bien que la précédente ne soit pas entièrement remplie.

D. *Qu'appelle-t-on lettres euphoniques ?*

R. Ce sont des lettres que l'on place entre deux mots dont le premier finit et le second commence par une voyelle, afin d'en adoucir le son ; EX.: *Ecrira-T-on ? — Aime-T-elle ?* Le T est ici une lettre euphonique.

FIN.

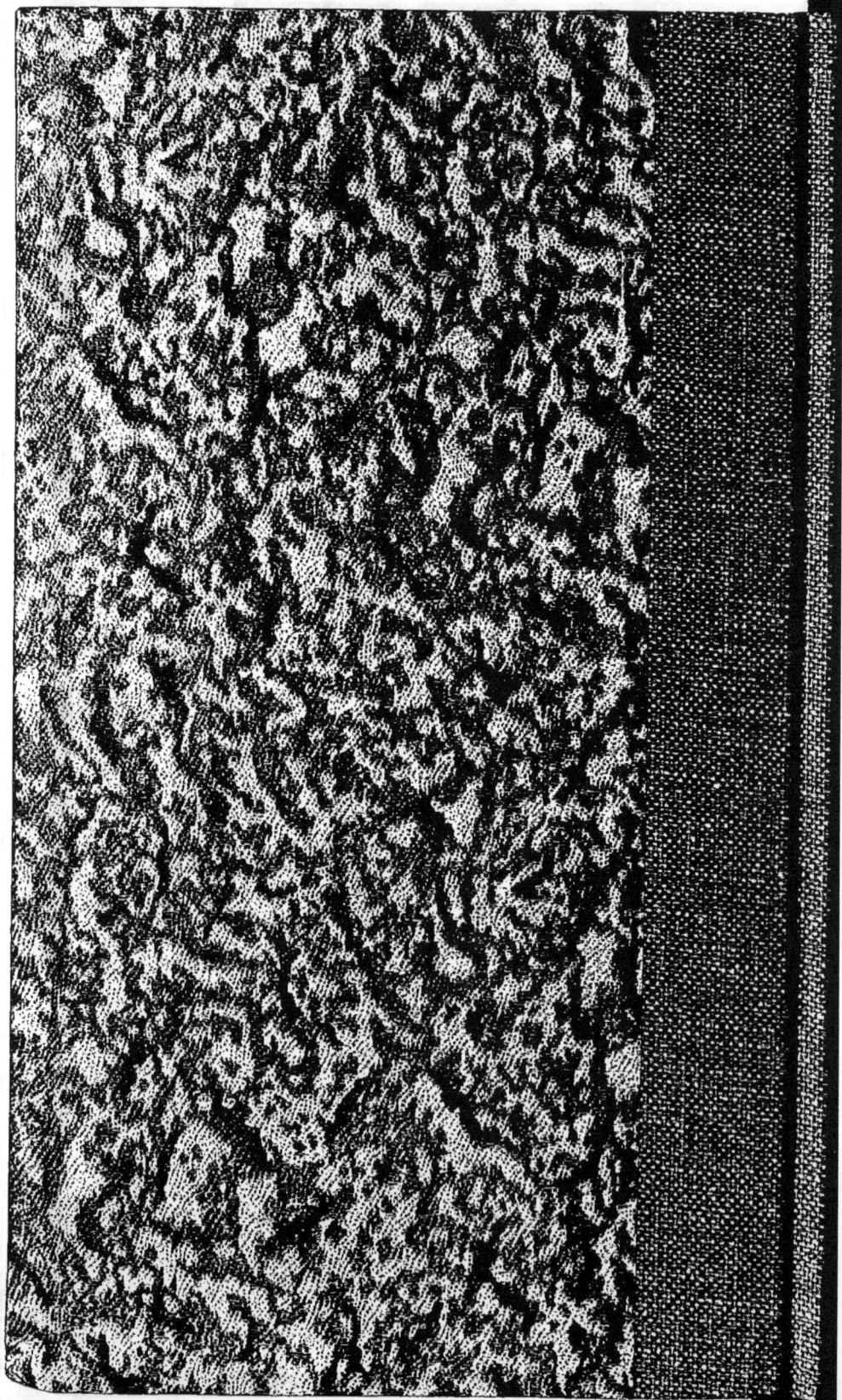

www.ingramcontent.com/pod-product-compliance
Lightning Source LLC
Chambersburg PA
CBHW070807290326
41931CB00011BA/2159